핵심구로 배우는
짜오짜오 속성 중국어 회화

핵심구로 배우는

짜오쩌싸오
啪啪 zàozào

속성 중국어 회화

어학연구소 편저

도서출판 사사연

【머리말】

짜오! 짜오!

중국어회화는 처음으로 중국어를 배우려는 초보자들이 어떻게 하면 빠르고, 정확하게 익힐 수 있는가를 장기간에 걸쳐 집중분석하여 내놓은 참고교재로서, 체계적인 학습형식으로 웬만한 핵심구만 알고 있으면 누구나 쉽게 접근이 가능할 것이라 믿습니다.

다른 회화책과는 달리 발음을 한글로 표현하여 쉽게 배울 수 있도록 하였습니다. 이는 외국어의 생명이 바로 발음에 있기 때문입니다.

실상 제아무리 단어나 문법을 많이 알고 있어도 그 발음이 정확하지가 못하다면, 대화를 통한 의사소통은 거의 불가능하다고 할 수 있습니다.

더욱이 중국어의 발음은 우리나라 사람들로서는 익히기가 까다로우며, 그 발음이 정확하지 못하면 뜻이 통하지 않거나 완전히 달라질 수 있는 만큼, 독자들은 제일 먼저 이 책에 나오는 기본단어의 발음을 익히는데 주력하지 않으면 안됩니다.

이 책은 기초적인 핵심구를 중점으로 다뤘습니다. 회화에 있어서 반드시 알고 넘어가야 할 기초적이고 일상적인 것들을 수록하여 혼자서도 쉽게 배울 수 있도록 하였습니다.

따라서 이 예제들이 얼핏 보기에 평범해 보일지 모르나 여기에 수록된 핵심구들이 대화의 기초가 되어 있기 때문에 어떤 일이 있어도 모조리 머리에 새겨 놓도록 해주기 바랍니다.

이 책은 중국어 초보자를 위하여 알시 쉬운 핵심구를 반복 수록하여 누구나 혼자서 배울 수 있도록, 소책자 형태로 가지고 다니며 중국어에 대한 자신감을 갖도록 배려하였습니다. 이 교재로 여러분들의 중국어 회화실력이 보다 향상되어 일상에 많은 도움을 줄 수 있다면, 연구소로서는 그 이상의 기쁨이 되겠습니다. 감사합니다.

2013. 11. 20
연구소 씀

【차례】

중국어 회화
포인트

	ㄱ	
1. 가가호호	家家户户	jiā jiā hù hù
2. 가격	价格	jià gé
3. 걸어가다	走着去	zǒu zhe qù
4. 거의	差不多	chà bu duō
5. 겨우	好不容易	hǎo bu róng yì
6. 고아하다	高雅	gāo yǎ
7. 곤란하다	困难	kùn nan
8. 곧바로	一直	yì zhí
9. ~과/~와	跟	gēn
10. ~관계없이	不管…	bù guǎn
11. 그래서	所以	suǒ yǐ
12. 그러나	但是	dàn shì
13. 그리고나서	然后	rán hòu
14. 긴장하다	紧张	jǐn zhāng
	ㄴ	
15. 나가다	出去	chū qù
16. 날마다 책을 본다	天天看书	tiān tiān kàn shū
17. 누구세요	谁啊	shéi a

18. 단지…에 불과하다	只不过…	zhǐ bú guò
19. 대단하다	了不起	liǎo bu qǐ
20. 때려보다	打一下	dǎ yí xià
21. 때때로	往往	wǎng wǎng
22. ～때문에	由于	yóu yú
23. 더럽다	肮脏	āng zāng
24. 도대체	到底	dào dǐ
25. 또한	并且	bìng qiě

26. 마침	正在	zhèng zài
27. 마침내 도착했다	终于到了	zhōng yú dào le
28. 만약 그렇지 않으면	否则	fǒu zé
29. 만일	如果	rú guǒ
30. …말할 것도 없고	别说…, 连…	bié shuō…, lián…
31. 맛보다	尝尝	cháng chang
32. 몇이냐	几个呢	jǐ ge ne
33. 무엇입니까	什么	shén me
34. 미안합니다	对不起	duì bu qǐ

| 35. 바꾸고 싶다 | 想换 | xiǎng yo huàn |
| 36. 보았다 | 看了 | kàn le |

37. 복잡하다	复杂	fù zá
38. …부터 …까지	从…到…	cóng…dào…
39. 분석했다	分析了	fēn xī le
40. …불구하고	不顾	bú gù
41. 비교하여 보다	比一比	bǐ yi bǐ
42. 비록…일지라도	虽然…但是	suī rán…dàn shì

ㅅ

43. 설마…하겠는가	难道	nán dào
44. 설명했다	说明了	shuō míng le
45. 설령…하더라도	即使…也	jí shǐ…yě
46. 성이 무엇입니까	您贵姓	nín guì xìng
47. 수고하셨습니다	辛苦了	xīn kǔ le
48. 쉽다	容易	róng yì
49. 시간에 댈 수 있다	来得及	lái de jí
50. 시작했다	开始了	kāi shǐ le
51. 싫어하다	讨厌	tǎo yàn

ㅇ

52. 아깝다	舍不得	shě bu de
53. …아니면 …않는다	不…不…	bù…bù…
54. 아름답다	美丽	měi lì
55. 안녕하세요	你好	nǐ hǎo
56. 알리다	告诉	gào su

57. 얕다	浅了	qiǎn le
58. 어디에 살고 있습니까	住在哪儿	zhù zài nǎr
59. 어째서	为什么	wèi shén me
60. 얼마입니까	多少	duō shao
61. …에 …으로	在…	zài
62. …에게 …을 당하다	被	bèi
63. …에 관계없이	不管…也	bù guǎn…yě
64. …여기다	认为	rèn wéi
65. 예쁘다	漂亮	piào liang
66. 예측하다	预测	yù cè
67. 오랜만입니다	好久不见了	hǎo jiǔ bú jiàn le
68. 우리의 우정을 위하여…	为我们的友谊	wèi wǒ men de yǒu yì
69. 유감입니다	遗憾	yí hàn
70. …을/…를	把…	bǎ
71. 이겼다	赢了	yíng le
72. 이미 이렇게 된 바에야	既然…也	jì rán…yě
73. …이 아니면 …이다	不是…就是…	bú shì…jiù shì
74. 일반이다	一般	yì bān
75. 일부러	故意	gù yì
76. 일이 바쁘십니까	你工作忙吗	nǐ gōng zuò máng ma

ㅈ

| 77. 자랑으로 여기다 | 自豪 | zì háo |

78. 점점 좋아지다	越来越好	yuè lái yuè hǎo
79. 젊다	年轻	nián qīng
80. 정리하다	整理	zhěng lǐ
81. 제고되었다	提高了	tí gāo le
82. 제때에	按时	àn shí
83. …제외하고는	除了	chú le
84. 조금도 힘들지 않습니다	一点儿也不累	yì diǎnr yě bú lèi
85. 조사하다	查	chá
86. …조차도	连	lián
87. 좋은 것	好的	hǎo de
88. 지금 무엇을 하고 있습니까?		
	现在你做什么呢	xiàn zài nǐ zuò shén me ne
89. 지금까지 …한적이 없다	从来没…过…	cóng lái méi…guò…
90. 지루하다	无聊	wú liáo

ㅊ		
91. 차라리	宁可	nìng kě
92. 차츰차츰	逐渐	zhú jiàn
93. 참을성 있다	耐心	nài xīn
94. 천천히	慢慢儿	màn mānr
95. 추구하다	追	zhuī
96. 축하합니다	祝贺你	zhù hè nǐ
97. 칭찬했다	表扬了	biǎo yáng le

	ㅌ	
98. 통쾌하다	痛快	tòng kuài
99. 퇴근했다	下班了	xià bān le
100. 특별히	特别	tè bié

	ㅍ	
101. 판단하다	判断	pàn duàn
102. 표현하다	表达	biǎo dá

	ㅎ	
103. 하강하다	下降	xià jiàng
104. …하고 있는 중이다	…着	zhe
105. 하기만 하면 곧	一…就…	yī…jiù…
106. 하루에 몇 시간 배웁니까		
	一天学几个小时	yì tiān xué jǐ ge xiǎo shí
107. …하면서 …하다	一边…一边…	yì biān…yì biān…
108. …하지 말아라	别	bié
109. …하지 않으면 안된다	非…不…	fēi…bù…
110. …한다면	…的话	de huà
111. 할 수 있다	能干	néng gàn
112. …할 수가 없다	不能	bù néng
113. …할 수 있다면 …하다	能…就…	néng…jiù…
114. 함께 가자	一起走吧	yì qǐ zǒu ba
115. 함부로 이래라 저래라 한다	指手划脚	zhǐ shǒu huà jiǎo

116. …해 주세요	请	qǐng
117. 향기롭다	香	xiāng
118. 확실히 그렇다	确实那样	què shí nà yàng
119. 환상하다	幻想	huàn xiǎng
120. 휘황찬란하다	辉煌灿烂	huī huáng càn làn

ㄱ		
1. 그냥 그래	不怎么	bù zěn me 뿌 전 머
2. 그럼요	当然了	dāng rán le 당 란 러
3. 기가 막혀서	气死我了	qì sǐ wǒ le 치 스 워 러
4. 기가 막히네	憋死了	biē sǐ le 베 스 러
5. 근사하다	很不错	hěn bú cuò 헌 부 춰
6. 깜짝이야	吓一跳	xià yí tiào 쌰 이 탸오
7. 꺼져라	滚蛋	gǔn dàn 군 딴
8. 꼴값하다	真不要脸	zhēn bú yào liǎn 전 부 야오 렌
9. 괜찮아	没什么	méi shén me 메이 선 머
10. 끝내주는 거다	干脆	gān cuì 간 추이

11. 나 화났어	我生气了	wǒ shēng qì le 워 성 치 러
12. 내 이미지	我的形象	wǒ de xíng xiàng 워 더 싱 쌍
13. 내일봐요	明天见	míng tiān jiàn 밍 텐 쩬
14. 너무 어려워	太难	tài nán 타이 난
15. 널 좋아해	喜欢你	xǐ huan nǐ 시 환 니

16. 답답하다	纳闷儿	nà mènr 나 먼
17. 대짜다	大的	dà de 따 더
18. 돈구멍	钱的来路	qián de lái lù 첸 더 라이 루
19. 들어가세요	回去吧	huí qù ba 후이 취 바

| 20. 마누라 | 老伴儿 | lǎo bànr
라오 빤 |
| 21. 말조심 | 慎言 | shèn yán
썬 옌 |

22. 맛깔스럽다	好吃	hǎo chī 하오 츠
23. 미치겠네	快发疯了	kuài fā fēng le 콰이 파 프엉 러

24. 바가지 썼어	当吃亏了	dāng chī kuī le 당 츠 쿠이 러
25. 별로다	个别	gè bié 꺼 비에
26. 삐쳤냐?	生气了	shēng qì le 성 치 러

27. 사기꾼	骗子	piàn zi 펜 즈
28. 싸가지 없다	没出息	méi chū xi 메이 추 시
29. 쌍말	粗话	cū huà 추 화
30. 살펴가세요	请慢走	qǐng màn zǒu 칭 만 조우
31. 식사하셨어요	吃饭了吗	chī fàn le ma 츠 프안 러 마
32. 싫어요	讨厌	tǎo yàn 타오 옌

33. 안녕하세요	你好	nǐ hǎo 니 하오
34. 안녕히주무셨어요	早安	zǎo ān 자오 안
35. 안녕하세요(오후인사)	下午好	xià wǔ hǎo 쌰 우 하오
36. 안녕하세요(저녁인사)	晚上好	wǎn shang hǎo 완 샹 하오
37. 안녕히주무세요	晚安	wǎn'ān 완 안
38. 안녕히가세요	再见(再会)	zài jiàn(zài huì) 짜이 쩬 짜이 후이
39. 어서오세요(환영인사)	欢迎光临	huān yíng guāng lín 환 잉 광 린
40. 엄청나다	特大	tè dà 터 따
41. 예쁘네	很漂亮	hěn piào liang 헌 퍄오 량
42. 엉망진창이다	一塌糊涂	yì tā hú tu 이 타 후 투
43. 웃기시네	真逗	zhēn dòu 전 또우
44. 요지경이다	万花筒	wàn huā tǒng 완 화 퉁

45. 웬 성화냐	太烦了	tài fán le 타이 프안 러
46. 인기있지	有名气	yǒu míng qí 요우 밍 치
47. 이건 뭐야	这什么(这是什么)	zhè shénme(zhè shì shénme) 쩌 선 머(쩌 스 션머)
48. 이 자식(임마)	这家伙	zhè jiā huo 쩌 쟈 훠

ㅈ

49. 자업자득이지, 뭐	自作自受	zì zuò zì shòu 쯔 쭤 쯔 쏘우
50. 자식(임마)	家伙	jiā huo 쟈 훠
51. 작살이다	完蛋	wán dàn 완 딴
52. 쩨쩨하다야	你小气	nǐ xiǎo qì 니 샤오 치
53. 좋은 아침입니다(아침인사)	早上好	zǎo shang hǎo 자오 상 하오
54. 죄송해요	很抱歉	hěn bào qiàn 헌 빠오 첸
55. 진짜야	真的	zhēn de 전 더
56. 질려죽겠다	气死了	qì sǐ le 치 쓰 러

57. 차림	穿戴	chuān dài 찬 따이
58. 창피해	丢脸	diū liǎn 디우 렌
59. 최고다	最好	zuì hǎo 쭈이 하오
60. 최선을 다하다	尽力	jìn lì 진 리

61. 카리스마	领袖气质	lǐng xiù qì zhì 링 씨우 치 쯔
62. 카페	茶馆	chá guǎn 차 관
63. 캐주얼	便装	biàn zhuāng 삐엔 쫭

64. 택시	出租汽车	chū zū qì chē 추 주 치 처
65. 탈이다	成问题	chéng wèn tí 청 원 티
66. 토라졌다	生气了	shēng qì le 성 치 러
67. 틀렸어	不一样(错)	bù yí yàng(cuò) 뿌 이 양 (춰)

68. 파국이다	崩溃	bēng kuì 벙 쿠이
69. 파악하다	把握	bǎ wò 바 워
70. 편하다	舒服	shū fu 수 푸

71. 핸섬하다	潇洒	xiāo sǎ 샤오 사
72. 화끈하다	火辣辣	huǒ là là 훠 라 라
73. 확실해	确实	què shí 췌 스
74. 환장하겠네	要发疯了	yào fā fēng le 야오 파 퍼엉 러
75. 확인하다	确认	què rèn 췌 런

> **가가호호/집집/한집 한집**
> # 家家户户
> jiā jiā hù hù
> 쟈 쟈 후 후

예문

1. 家家户户过春节。
Jiā jiā hù hù guò chūn jié.
쟈 쟈 후 후 꿔 춘 제
집집마다 설을 쇠다.

2. 家家户户都幸福。
Jiā jiā hù hù dōu xìng fú.
쟈 쟈 후 후 도우 씽 푸
집집마다 모두 행복하다.

3. 家家户户都有汽车。
Jiā jiā hù hù dōu yǒu qì chē.
쟈 쟈 후 후 도우 요우 치 처
집집마다 모두 자동차가 있다.

4. 家家户户都有牛马。
Jiā jiā hù hù dōu yǒu niú mǎ.
쟈 쟈 후 후 도우 요우 니우 마
집집마다 모두 소와 말이 있다.

5. 家家户户都欢乐。
Jiā jiā hù hù dōu huān lè.
쟈 쟈 후 후 도우 환 러
집집마다 모두 즐거워한다.

王丽: 你去过小梅家吗?
Wánglì : Nǐ qù guò xiǎo méi jiā ma?
니 취 꿔 샤오 메이 쟈 마
너 샤오 메이 집에 간적이 있니?

金哲: 没去过，她家不远吗?
Jīnzhé : Méi gùguo, Tā jiā bù yuǎn ma?
메이꾸구어 타 쟈 뿌 웬 마
그의 집이 멀지 않니?

王丽: 不远。我们哪一天去吧。
Wánglì : Bù yuǎn. Wǒ men nǎ yì tiān qù ba.
뿌 웬 워 먼 나 이 텐 취 바
멀지 않아. 우리 어느 날 가자.

金哲: 好。
Jīnzhé : Hǎo.
하오
좋아. (그래)

王丽: 小梅喜欢交朋友。
Wánglì : Xiǎo méi xǐ huan jiāo péng you.
샤오메이시 환 죠우 펑 유
샤오메이는 친구 사귀기를 좋아해.

金哲: 是吗?
Jīnzhé : Shì ma?
쓰 마
그래?

가격/값
价格
jià gé
쨔 거

예문

1. 价格表。
Jià gé biǎo.
쨔 거 뱌오
가격표(일람표)

2. 价格高。
Jià gé gāo.
쨔 거 가오
값이(가격이) 높다. (비싸다)

3. 价格低。
Jià gé dī.
쨔 거 디
가격이 낮다. (저렴하다)

4. 市场价格。
Shì chǎng jià gé.
쓰 창 쨔 거
시장가격

5. 合同价格。
Hé tong jià gé.
허 통 쨔 거
계약(합동) 가격

王丽: 这衣服的价格表呢?
Wánglì : Zhè yī fu de jià gé biǎo ne?
쩌 이 푸 더 쨔 거 뱌오너
이 옷의 가격표는?

金哲: 这儿呢。
Jīnzhé : Zhèr ne.
쩔 너
여기 있어. (이것이다)

王丽: 啊，这么贵呀?
Wánglì : Á zhè me guì ya?
아 쩌 머 꾸이 야
뭐, 이렇게 비싸?

金哲: 我认为很便宜呀。
Jīnzhé : Wǒ rèn wéi hěn pián yi ya.
워 런웨이 헌 펜 이 어
난 값이 싸다고 생각했는데.

王丽: 你认为市场价格都便宜吗?
Wánglì : Nǐ rèn wéi shì chǎng jià gé dōu pián yi ma?
니 런 웨이 쓰 창 쨔 거 도우 펜 이 마
너 생각에는 시장가격이 다 싸다고 보니?

金哲: 不是啊。
Jīnzhé : Bú shì a.
부 쓰 아
아니지.

걸어가다
走着去
zǒu zhe qù
조우 취

예문

1. 我想走着去。
Wǒ xiǎng zǒu zhe qù.
워 샹 조우 저 꾸
저는 걸어 가고 싶다.

2. 我们走着去吧。
Wǒ men zǒu zhe qù ba.
워 먼 조우 저 취 바
우리 걸어서 가자.

3. 你想去哪儿?
Nǐ xiǎng qù nǎr?.
니 샹 취 날
넌 어디 가고 싶어하니?

4. 我先去问问。
Wǒ xiān qù wèn wen.
워 센 취 원 원
제가 먼저 가서 물어 보겠어요.

5. 快去快回。
Kuài qù kuài huí.
콰이 취 콰이 후이
빨리 가서 빨리 돌아오나.

小金 : 小王，你去哪儿？
Xiǎojīn : Xiǎo wáng, nǐ qù nǎr?
　　　샤오　왕 니 취 날
　　　샤오 왕, 어디 가니?

小王 : 去书店。
Xiǎowáng : Qù shū diàn.
　　　취 수 뗀
　　　서점에 간다.

小金 : 等一等，我也去。
Xiǎojīn : Děng yi děng wǒ yě qù.
　　　덩 이 덩 워 예 취
　　　좀 기다려, 나도 간다.

小王 : 我们坐车去吧。
Xiǎowáng : Wǒ men zuò chē qù ba.
　　　워 먼 쭤 처 취 바
　　　우리 차타고 가자.

小金 : 不，我们走着去吧。
Xiǎojīn : Bù, wǒ men zǒu zhe qù ba.
　　　뿌 위 먼 조우 저 취 바
　　　아니, 우리 걸어서 가자.

小王 : 也行，走着去。
Xiǎowáng : Yě xíng, zǒu zhe qù.
　　　예 싱 조우 저 꾸
　　　그래도 된다, 걸어서 가자.

거의
差不多
chà bu duō
차 부 둬

예문

1. 差不多有一百个。
Chà bu duō yǒu yì bǎi gè.
차 부 둬 요우 이 바이 꺼
거의 백 개가 있다.

2. 差不多该走了吧?
Chà bu duō gāi zǒu le ba?.
차 부 둬 가이 조우 러 바
갈 때가 거의 되었지?

3. 他们差不多同时到达。
Tāmen chà bu duō tóng shí dào dá.
타먼 차 부 둬 퉁 스 따오 다
그들은 거의 동시에 도착하였다.

4. 人类耕作已有差不多一万年的历史。
Rén lèi gēng zuò yǐ yǒu chà bu duō yí wàn nián de lì shǐ.
런 레이 겅 쮀 이 요우 차 부 둬 이 만 녠 더 리스
인류의 경작은 이미 거의 1만년의 역사를 지니고 있다.

5. 差不多学生都能说汉语。
Chà bu duō xué sheng dōu néng shuō hàn yǔ.
차 부 둬 쒜 성 도우 넝 쉬 한 위.
대부분의 학생은 중국어로 말할 수 있다.

小王: 金哲，汉语学得差不多了吧?
Xiǎowáng : Jīn zhé, hàn yǔ xuéde chà bu duō le ba?
　　　진 저 쒜한위쒜에더 차 부 둬 러 바
진저, 중국어 학습이 거의 비슷하지?

小金: 哪里，差得远呢。
Xiǎojīn : Nǎ li, chà de yuǎnne.
　　　나 리 차 더 위엔 너
어디, 이제 일 년 남짓한데.

小王: 会话是差不多了吧?
Xiǎowáng : Huì huà shì chà bu duō le ba?
　　　후이 화 쓰 차 부 둬 러 바
회화는 거의 비슷하지?

小金: 会话也差得远呢。
Xiǎojīn : Huì huà yě chà de yuǎnne.
　　　후이 화 예 차 더 위엔너
회화도 차가 좀 있어.

小王: 我看差不多学生都能说一口流利的汉语。
Xiǎowáng : Wǒ kàn chà bu duō xué sheng dōu néngshuō yìkǒu liúli de Hànyǔ.
　　　워 칸 차 부 둬 쒜　성 떠우 넝 수어 이커우리우리 더 한위
보건데 대부분 학생은 중국어로 말을 잘 하던데.

小金: 是吗?
Xiǎojīn : Shì ma?
　　　쓰 마
그래?

겨우/모처럼/가까스로

好不容易
hǎo bu róng yì
하오 부 룽 이

예문

1. 好不容易做完了。
Hǎo bu róng yì zuò wán le.
하오 부 룽 이 쭤 완 러
겨우(가까스로) 끝냈다.

2. 好不容易找到了。
Hǎo bu róng yì zhǎo dào le.
하오 부 룽 이 자오 따오 러
겨우 찾았다.

3. 好不容易在家吃顿饭。
Hǎo bu róng yì zài jiā chī dùn fàn.
하오 부 룽 이 짜이 쟈츠 뚠 프안
모처럼 집에서 밥을 먹는다.

4. 好不容易才买到火车票。
Hǎo bu róng yì cái mǎi dào huǒ chē piào.
하오 부 룽 이 차이 마이 따오 훠 처 퍄오
겨우 기차표를 샀다.

5. 好不容易来一趟干嘛急着回去?
Hǎo bu róng yì lái yí tàng, gàn ma jí zhe huí qù?.
하오 부 룽 이 라이 이 탕 깐 마 지저 후에이 꾸
모처럼 왔는데 무엇이 그리 바삐 돌아가려 하니?

金哲: 作业好不容易做完了。
Jīnzhé : Zuò yè hǎo bu róng yì zuò wán le.
쮀 예 하오 부 룽 이 쮀 완 러
숙제를 겨우 다 했다.

王丽: 作业不容易呀!
Wánglì : Zuò yè bù róng yì ya!
쮀 예 뿌 룽 이 야
숙제가 쉽지 않아!

金哲: 越来越难。
Jīnzhé : Yuè lái yuè nán.
웨 라이 웨 난
점점 어려워.

王丽: 学习本来就不容易。
Wánglì : Xué xi běn lái jiù bù róngyì.
쉐 시 번라이찌우 뿌 르옹이
공부가 본래 그런거야.

金哲: 好不容易来到这儿, 得刻苦努力啊。
Jīnzhé : Hǎo bu róng yì lái dào zhèr, děi nǔ lì a.
하오 부 룽 이 라이 따오 쩔 데이 누 리 아
겨우 여기까지 왔는데 애써 노력 해야지.

王丽: 你说的有道理。
Wánglì : Nǐ shuō de yǒu dàoli.
니 서우 더 여우 다오리
도리로 보아 당연하지.

33

006 포인트

고아하다
高雅
gāo yǎ
가오 야

예문

1. 神态高雅。
   Shén tài gāo yǎ.
   선 타이 가오 야
   자태가 고아하다.

2. 格调高雅。
   Gé diào gāo yǎ.
   거 땨오 가오 야
   격조가 고아하다.

3. 性情高雅。
   Xìng qíng gāo yǎ.
   싱 칭 까오야
   격조가 고아하고 침착하다.

4. 举止高雅。
   Jǔ zhǐ gāo yǎ.
   쥐 즈 가오 야
   행동거지가 고아하다.

5. 高雅的艺术品。
   Gāo yǎ de yì shù pǐn.
   가오 야 더 이 쑤 핀
   고아한 예술품.

A: 他是谁?
Tā shì shéi?
타 쓰 세이
그 분은 누구 입니까?

B: 他是我朋友。
Tā shì wǒ péng you.
타 쓰 워 펑 요우
그는 저의 친구이다.

A: 他的举止真高雅。
Tā de jǔ zhǐ zhēn gāo yǎ.
타 더 쥐 즈 전 가오 야
그의 거동이 정말 고아하다.

B: 是吗? 谢谢你。
Shì ma? xiè xie nǐ.
쓰 마 쎄 세 니
그래? 감사하다.

A: 我看他是个很讲究格调的人。
Wǒ kàn tā shige hěn jiǎng jiu gédiào de rén.
워 칸 타 스꺼 헌 지앙 지우 꺼땨오 더런
보건데 그의 격조도 고아한 것 같아.

B: 真的? 我看你也很有格调高雅。
Zhēn de? wǒ kàn nǐ yě hěn yǒu gédiào .
전 더 워 칸 니 예 헌 여우 꺼땨오
정말? 내 보건데는 너의 격조 역시 고아해.

곤란하다/어렵다
困难
kùn nan
쿤 난

예문

1. 困难很多。
Kùn nan hěn duō.
쿤 난 헌 둬
곤란이(어려움이) 매우 많다.

2. 不怕困难。
Bú pà kùn nan.
부 파 쿤 난
곤란을 두려워하지 않다.

3. 情况十分困难。
Qíng kuàng shí fēn kùn nan.
칭 쾅 스프언쿤 난
상황이 매우 곤란하다. (힘들다)

4. 他生活得很困难。
Tā shēng huǒ de hěn kùn nan.
타 성 훠더헌 쿤 난
그는 몹시 어렵게 생활하고 있다.

5. 解释有点儿困难。
Jiě shì yǒu diǎnr kùn nan.
제 쓰요우 델 쿤 난
해명하기가 좀 곤란하다.

老王: 老金，有什么困难吗?
Lǎowáng : Lǎo jīn yǒu shén me kùn nan ma?
　　　　 라오 진 요우 선 머　쿤 난 마
김씨, 무슨 곤란이 있어요?

老金: 没什么大的困难。
Lǎojīn :　 Méi shén me dà de kùn nan.
　 메이 선 머 따 더 쿤 난
무슨 큰 어렴이 없어요.

老王: 即事是很小的困难也说说看嘛。
Lǎowáng : Jí shǐ shì hěn xiǎo de kùn nan yě shuō shuo kàn ma.
　　　　 지 스 스 헌 샤오 더 쿤　난 예 수어 수어 칸 마
어려움이 좀 있어도 말씀하세요.

老金: 这事儿。
Lǎojīn :　 Méi shir.
　 메이 슬
괜찮아요.

老王: 不要难为情。
Lǎowáng : Bú yào nán wéi qíng.
　　　　 부 야오 난 웨이 칭
겸연쩍어 하지 말아요.

老金: 困知勉行嘛。
Lǎojīn :　 Kùn zhi mián xíng ma.
　 쿤 즈 멘 싱 마
곤란을 극복해야만 지식을 얻을 수 있지요.

 **포인트**

곧바로/내내/줄곧

一直

yì zhí

이 즈

예문

1. 一直走吧。

Yì zhí zǒu ba.

이 즈 조우 바

곧바로 가세요.

2. 一直往东走。

Yì zhí wǎng dōng zǒu.

이 즈 왕 둥 조우

동쪽으로 곧바로 가다.

3. 这雨一直下了两天。

Zhè yǔ yì zhí xià le liǎng tiān.

쩌 위 이 즈 쌰 러 량 텐

이 비는 이틀이나 줄곧 내리고 있다.

4. 他一直没来。

Tā yì zhí méi lái.

타 이 즈 메이 라이

그는 줄곧 오지 않았다.

5. 我今天下午一直在看书。

Wǒ jīn tiān xià wǔ yì zhí zài kàn shū.

워 진 텐 쌰 우 이 즈 자이 칸 수

난 오늘 오후 줄곧(내내) 책을 보았다.

王丽: 金哲，你今天上午干什么了?
Wánglì : Jīn zhé, nǐ jīn tiān shàng wǔ gàn shén me le?
진 저 니 진 텐 쌍 우 간 선 머 러
진저, 너 오늘 오전에 무엇을 했니?

金哲: 一直在看书啊。
Jīnzhé : Yì zhí zài kàn shū a.
이 즈자이 칸 수 러
줄곧(내내) 책을 보았다.

王丽: 你朋友来没来?
Wánglì : Nǐ péng you lái méi lái?
니 펑 요우 라이 메이 라이
너 친구는 왔었니?

金哲: 一直没来。我想去看看她。
Jīnzhé : Yì zhí méi lái wǒ xiǎng qù kàn kan tā.
이 즈 메이 라이 워 샹 취 칸 칸 타
내내 오지 않았어. 보러 가고 싶어.

王丽: 她家离这儿很近。
Wánglì : Tā jiā lí zhèr hěn jìn.
타 쟈 리 쩔 헌 찐
그녀의 집은 여기서 퍽 가깝다.

金哲: 那下午我们一块儿去好吗?
Jīnzhé : Nà xià wǔ wǒ men yí kuàir qù hǎo ma?
나 쌰 우 위 먼 이 콸 취 하오 마
그럼 오후 우리 같이 가는게 어때?

39

 포인트

~과/와, ~에게, ~를 향하여

跟

gēn
건

예문

1. 我跟他住一起。

Wǒ gēn tā zhù yì qǐ.
위 건 타 쭈 이 치
나는 그와 함께 산다.

2. 我不喜欢跟他住一起。

Wǒ bù xǐ huan gēn tā zhù yì qǐ.
위 뿌　　　건 타 쭈 이 치
나는 그와 함께 있기 싫다.

3. 我没跟他住一起。

Wǒ méi gēn tā zhù yì qǐ.
위 메이 건 타 쭈 이 치
나는 그와 함께 살지 않았다.

4. 这书跟谁借的?

Zhè shū gēn shéi jiè de?.
쩌　수 건 세이 쩨 더
이 책은 누구에게서 빌렸는가?

5. 我跟不上你。(동사인 경우)

Wǒ gēn bu shàng nǐ.
위 건 부 쌍 니
난 너를 따라갈 수 없다.

李: 你跟谁住一起?
Lǐ : Nǐ gēn shéi zhù yì qǐ?
니 건 세이 주이 치
넌 누구와 함께 있니?

金: 我跟他住一起。
Jīn : Wǒ gēn tā zhù yì qǐ.
워 건 타 쭈이 치
난 그와 함께 산다.

李: 我跟你打听一件事。
Lǐ : Wǒ gēn nǐ dǎ tīng yí jiàn shì.
워 건 니 다 팅 이 쩬 쓰
너한테 뭐 하나만 물어보자.

金: 什么事?
Jīn : Shén me shì?
선 머 쓰
무슨 일인데?

李: 他跟谁走了? (동사인 경우)
Lǐ : Tā gēn shéi zǒu le?
타 건 세이 조우 러
그는 누구를 따라 갔지?

金: 那事我不知道。
Jīn : Nà shì wǒ bù zhī dào.
나 쓰 워 뿌 즈 따오
난 그 일은 모른다.

41

~관계없이~

不管~。

bù guǎn~
뿌 관

예문

1. 不管是谁，都不行的。
Bù guǎn shì shéi, dōu bù xíng de.
뿌 관 쓰 세이 도우 뿌 싱 더
누군가에 관계없이 다 안된다.

2. 不管穷人富人，人人都是平等的。
Bù guǎn qióng rén fù rén, rén rén dōu shì píng děng de.
뿌 관 츙 런 푸런 런 런 도우 쓰 핑 덩 더
궁한 사람이나 부자나 관계없이 사람마다 다 평등하다.

3. 他不管怎么说，我都不同意。
Tā bù guǎn zěn me shuō, wǒ dōu bù tóng yì.
타 뿌 관 전 머 숴 워 도우 뿌 퉁 이
어떻게 말하는가에 관계없이 나는 동의하지 않는다.

4. 不管在哪儿，都会去的。
Bù guǎn zài nǎr dōu, huì qù de.
뿌 관 짜이 날 도우 후이 취 더
어디에 있든지 다 갈 수 있다.

5. 不管写不写，我都不看。
Bù guǎn xiě bu xiě, wǒ dōu bú kàn.
뿌 관 세 부 세 워 도우 부 칸
쓰든지 말든지 난 보지 않겠다.

李: 他们都不干活儿。
Lǐ :　Tā men dōu bù gàn huór.
　　타 먼 도우 부 깐 훨
　　그들 모두 일하지 않는다.

张: 他们干不干，我都不管。
Zhāng : Tā men gàn bu gàn, wǒ dōu bù guǎn.
　　　타 먼 깐 부 깐 워 도우 뿌 관
　　그들이 하든 말든 난 다 관계치 않는다.

李: 不管谁来管?
Lǐ :　Bù guǎn shéi lái guǎn.
　　뿌 관 세이 라이 관
　　관계치 않으면 누가 관계하겠는가?

张: 不管怎么说，我都不管。
Zhāng : Bù guǎn zěn me shuō, wǒ dōu bù guǎn.
　　　뿌 관 전 머 쉬 워 도우 뿌 관
　　어떻게 말하든 관계없이 난 관계치 않는다.

李: 不管怎样，也要管。
Lǐ :　Bù guǎn zěn yàng, yě yào guǎn .
　　뿌 관 전 양 예 야오 관
　　어떠하든지 간에 관계하지 않으면 안된다.

张: 你说得对。
Zhāng : Nǐ shuō de duì.
　　　나 수어 더 뚸이
　　그것은 그렇다.

> 그래서/그러므로
> # 所以~。
> suǒ yǐ~
> 쒀 이

예문

1. 因为努力学习，所以成绩很好。
Yīn wèi nǔ lì xué xí, suǒ yǐ chéng jì hěn hǎo.
인 웨이 누 리 쉐 시 쒀 이 청 찌 헌 하오
학습에 노력하기 때문에 성적이 매우 좋다.

2. 因为治疗及时，所以他的伤很快就好了。
Yīn wèi zhì liáo jí shí, suǒ yǐ tā de shāng hěn kuài jiù hǎo le.
인 웨이 쯔랴오 지스 쒀 이 타 더 상 헌 콰이 찌우 하오 러
치료가 제때 이뤄져, 그의 상처가 빨리 회복되었다.

3. 由于忙，所以我一直没有给他回信。
Yóu yú máng suǒ yǐ wǒ yì zhí méi yǒu gěi tā huí xìn.
요우 위 망 쒀 이 워 이 즈 메이 요우 게이 타 후이 씬
바빴기 때문에 나는 지금까지 그에게 답장하지 못했다.

4. 所以呀!
Suǒ yǐ ya!
쒀 이 야
그러니까!

5. 问其所以。(명사인 경우)
Wèn qí suǒ yǐ.
원 치 쒀 이
그 이유를 묻다.

李：他经常努力学习，所以成绩很好。
Lǐ :   Tā jīng cháng nǔ lì xué xí, suǒ yǐ chéng jì hěn hǎo.
        타 징   창   누리 쉐시 쉬이 청 찌 헌 하오
        그는 언제나 학습에 노력하므로 성적이 매우 좋다.

张：我也很努力啊。
Zhāng : Wǒ yě hěn nǔ lì a.
          워 예 헌 누리아
          나도 노력한다.

李：我看你不认真。
Lǐ :   Wǒ kàn nǐ bú rèn zhēn.
        워 칸 니 부 런 전
        내 보건데 넌 착실하게 하지 않는다.

张：我哪儿不认真?
Zhāng : Wǒ nǎr bú rèn zhēn?
          워 날 부 런 전
          어디가 착실하지 않는데?

李：成绩不好，是不认真的一种表现。
Lǐ :   Chéng jì bù hǎo shì bú rèn zhēn de yì zhǒng biǎo xiàn.
        청 찌 뿌 하오 쓰 부 런 전 더 이 중 뱌오 쎈
        성적이 좋지 않은 것은 착실하지 않은 하나의 표현이다.

张：我真冤枉!
Zhāng : Wǒ zhēn yuān wang!
          워 전 웬 왕
          정말 억울하다!

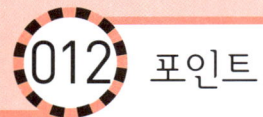 **포인트**

그러나/그렇지만

但是~。

dàn shì~
딴 쓰

예문

1. 他想学习, 但是学不成。
Tā xiǎng xué xí, dàn shì xué bu chéng.
타 샹 쒜 시 딴 쓰 쒜 부 츠엉
그는 공부하고 싶은데, 배울 수 없다.

2. 他想回家, 但是工作很忙。
Tā xiǎng huí jiā, dàn shì gōng zuò hěn máng.
타 샹 후이쟈 딴 쓰 궁 쮜 헌 망
그는 집에 가고 싶은데, 그러나 사업이 매우 바쁘다.

3. 她不漂亮, 但是学习很好。
Tā bú piào liang, dàn shì xué xi hěn hǎo.
타 부 퍄오 량 딴 쓰 쒜 시 헌 하오
예쁘지는 않지만, 공부는 아주 잘한다.

4. 想早下班, 但是任务必须完成。
Xiǎng zǎo xià bān, dàn shì rèn wù bì xū wǎn chéng.
샹 자오쌰 반 딴 쓰 런 우삐쉬 완 청
일찍 퇴근하려면, 임무를 반드시 완성해야 한다.

5. 我想睡一会儿, 但是睡不着。
Wǒ xiǎng shuì yí huìr, dàn shì shuì bu zháo.
워 샹 쑤이이 훌 딴 쓰쑤이 부 자오
잠을 좀 자고 싶지만, 잠을 잘 수 없다.

王丽: 你想学汉语吗?
Wánglì : Nǐ xiǎng xué Hàn yǔ ma?
　　　니 샹 쉐 한 위 마
　　　중국어를 배우고 싶으냐?

金哲: 想学汉语，但是不好学。
Jīnzhé : Xiǎng xué Hàn yǔ dàn shì bù hǎo xué.
　　　샹 쉐 한 위 딴 쓰 뿌 하오 쉐
　　　중국어를 배우고 싶은데 배우기가 쉽지 않다.

王丽: 我可以帮你。
Wánglì : Wǒ kě yǐ bāng nǐ.
　　　워 커 이 방 니
　　　너를 도와줄 수 있다.

金哲: 但是···。
Jīnzhé : Dàn shì.
　　　딴 쓰
　　　그렇지만···

王丽: 用不着客气嘛。
Wánglì : Yòng bu zháo kè qi ma.
　　　융 부 자오 커 치 마
　　　사양할 필요가 없다.

金哲: 还是自学好。
Jīnzhé : Hái shi zì xué hǎo.
　　　하이 쓰 쯔 쉐 하오
　　　그래도 자습이 좋아.

> **그리고나서/~한 후**
> # 然后
> rán hòu
> 란 호우

예문

1. 学然后知不足。
Xué rán hòu zhī bù zú.
쉐 란 호우 즈 뿌 주
배우고 나서야 부족한 줄 안다.

2. 先吃，然后再说吧。
Xiān chī, rán hòu zài shuō ba.
셴 츠 란 호우 짜이 쉬 바
먼저 먹고 나서 다시 보자

3. 先研究一下，然后再作决定。
Xiān yán jiū yí xià, rán hòu zài zuò jué dìng.
셴 옌 지우 이 쌰 란 호우 짜이 쮀 줴 띵
먼저 연구해보고난 후에 다시 결정하자.

4. 先试一试，然后推广。
Xiān shì yi shì, rán hòu tuī guǎng.
셴 쓰이 쓰 란 호우 투이 꽝
먼저 해보고 나서, 널리 보급하다.

5. 设想未来，然后全力以赴去实现。
Shè xiǎng wèi lái, rán hòu quán lì yǐ fù qù shí xiàn.
써 샹 웨이 라이 란 호우 쳰 리 이 푸 취 스 셴
미래를 구상한 후, 전력을 다해 실현한다.

王: 我们先吃饭吧。
Wáng : Wǒmen xiān chī fàn ba.
　　워먼　셴 츠 프안 바
　　우리 먼저 밥을 먹자.

李: 然后呢?
Lǐ : Rán hòu ne?
　　란 호우너
　　그리고나서 어떻게 하지?

王: 然后上街。
Wáng : Rán hòu shàng jiē.
　　란 호우 쌍 제
　　그리고나서 거리에 가자.

李: 上街干吗?
Lǐ : Shàng jiē gàn ma?
　　쌍 제 깐 마
　　거리에 가서 뭘 하려고?

王: 先去商店，然后逛公园。
Wáng : Xiān qù shāng diàn, rán hòu guàng gōng yuǎn.
　　셴 취 상 뗸 란 호우 꾸앙 꿍 웬
　　먼저 상점에 가고 나서 공원에 가서 놀자.

李: 那挺好。
Lǐ : Nà tǐng hǎo.
　　나 팅 하오
　　그럼 괜찮다.

긴장하다/부족하다(경제적으로)

紧张

jǐn zhāng
진 장

예문

1. 心里有点儿紧张。
Xīn li yǒu diǎnr jǐn zhāng.
신 리 요우 델 진 장
마음이 좀 긴장하다.

2. 工作紧张。
Gōng zuò jǐn zhāng.
궁 쭤 진 장
일이 긴장하다. (바쁘다)

3. 局势紧张。
Jú shì jǐn zhāng.
쥐 쓰 진 장
정세가 긴장하다.

4. 供水紧张。
Gōng shuǐ jǐn zhāng.
궁 수이 진 장
수도공급이 부족하다. (긴장하다)

5 天天搞得很紧张。
Tiān tian gǎo de hěn jǐn zhāng.
텐 텐 가오 진 장
매일 긴장을 조성하고 있다.

老李: 老金，工作怎么样?
LǎoLǐ : Lǎo jīn, gōng zuò zěn me yàng?
라오진 궁 쭤 전 머 양
김씨, 일이 어떠해요?

老金: 有点儿紧张。你呢?
LǎoJīn : Yǒu diǎnr jǐn zhāng. nǐ ne?
요우 델 진 장 니 너
좀 바빠요. 당신은요?

老李: 也一样。
LǎoLǐ : Yě yíyàng.
예 이 양
그저 그래요.

老金: 你看报了吗?
LǎoJīn : Nǐ kàn bào le ma?
니 칸 빠오 러 마
당신 신문 봤어요?

老李: 中东局势又紧张起来了。
LǎoLǐ : Zhōng dōng jú shì yòu jǐn zhāng qǐ lái le.
중 둥 쥐 쓰 요우 진 장 치 라이 러
중동 정세가 또 긴박해 지고 있습니다.

老金: 他们天天搞得很紧张。
LǎoJīn : Tā men tiān tiān gǎo de hěn jǐn zhāng.
타 먼 톈 톈 가오 더 헌 진 장
그들은 늘 긴장을 조성하고 있어요.

나가다/외출하다

出去

chū qù
추 취

예문

1. 你出去吧。
Nǐ chū qù ba.
니 추 취 바
너 나가시오.

---

2. 出去好不好?
Chū qù hǎo bu hǎo?
추 취 하오 부 하오
나가는 것이 어때요?

---

3. 他刚出去。
Tā gāng chū qù.
타 강 추 취
그는 방금 나갔다.

---

4. 出得去。
Chū de qù.
추 더 취
나갈 수 있다.

---

5. 出出进进。
Chū chu jìn jìn.
추 추 찐 찐
빈번하게 들락날락하다.

王丽: 她哪儿去了?
Wánglì : Tā nǎr qù le?
타 날 취 러
그녀는 어디에 갔어?

金哲: 她刚出去。
Jīnzhé : Tā gāng chū qù.
타 강 추 취
그녀는 금방 나갔어.

王丽: 她没说哪去啊?
Wánglì : Tā méi shuō nǎ qù a?
타 메이 쉬 나 취 아
그녀는 어디 간다고 말하지 않았니?

金哲: 找她有事吗?
Jīnzhé : Zhǎo tā yǒu shì ma?
자오 타 요우 쓰 마
일 있어 그녀를 찾니?

王丽: 没什么事。
Wánglì : Méi shén me shì.
메이 선 머 쓰
아무 일 없어.

金哲: 她可能一会儿就回来了。
Jīnzhé : Tā kè néng yí huìr jiù huí lái le.
타 커 넝 이 훌지우후이 라이 러
잠시 후에 올 것이다.

날마다 책을 본다

天天看书

tiān tiān kàn shū
톈 톈 칸 수

예문

1. 弟弟天天玩儿。
   Dì di tiān tiān wánr.
   띠 디 톈 톈 왈
   동생은 날마다(늘) 논다.

2. 爸爸天天上班。
   Bà ba tiān tiān shàng bān.
   빠바 톈 톈 쌍 반
   아버지께서는 늘(날마다) 직장에 나가신다.

3. 天天忙。
   Tiān tiān máng.
   톈 톈 망
   날마다 바쁘고 있다.

4. 天天刮大风。
   Tiān tiān guā dà fēng.
   톈 톈 과 따프엉
   늘 바람이 세게 분다.

5. 这两天天气很好。
   Zhè liǎng tiān tiān qì hěn hǎo.
   쩌 량 톈 톈 치 헌 하오
   이 이틀은 날씨가 매우 좋다.

李: 王丽，怎么天天看书呢?
Lǐ : Wáng lì, zěn me tiān tiān kàn shū ne?
　　왕 리 전 머 톈 톈 칸 수 너
　　왕리, 어쩌자고 늘 책만 보니?

王: 你怎么天天踢球呢?
Wáng : Nǐ zěn me tiān tiān tī qiú ne?
　　니 전 머 톈 톈 티치우 너
　　넌 왜 늘 축구만 하니?

李: 彼此彼此嘛。
Lǐ : Bǐ cǐ bǐ cǐ ma.
　　비 츠 비 츠 마
　　피차일반이지.

王: 真可笑。
Wáng : Zhēn kě xiào.
　　전 커 샤오
　　진짜 우습다.

李: 那，我也从今天起也天天看书。
Lǐ : Nà, wǒ yě cóng jīn tiān qǐ yě tiān tian kàn shū.
　　나 워 예 충 진 톈 치 예 톈 톈 칸 수
　　그럼, 나도 오늘부터 매일 책 보겠다.

王: 那么，我呢，从今天起天天踢球。
Wáng : Nà me, wǒ ne, cóng jīn tiān qǐ tiān tiān tī qiú.
　　나 머 워 너 충 진 톈 치 톈 톈 티치우
　　그러면 나는 오늘부터 날마다 축구만 할거야.

누구세요?

你是谁? (谁啊)

Nǐ shì shéi (shéi a)

니 쓰 세이 (세이 아)

예문

1. 他是谁?

Tā shì shéi?

타 쓰 세이

그는 누구세요?

2. 我是学生。

Wǒ shì xué sheng.

워 쓰 쉐 성

저는 학생입니다.

3. 我介绍一下。

Wǒ jiè shào yí xià.

워 쩨 싸오 이 쌰

제가 소개해 드리겠습니다.

4. 我是王老师的学生。

Wǒ shì wáng lǎo shī de xué sheng.

워 쓰 왕 라오스더 쉐 성

전 왕 선생님의 학생입니다.

5. 我是韩国留学生。

Wǒ shì hán guó liú xué shēng.

워 쓰 한 궈 류 쉐 성

전 한국 유학생입니다.

王: 您好! 请问，他是谁?
Wáng : Nín hǎo! qǐng wèn, tā shì shéi?
　　　닌 하오 칭 원 타 쓰 세이
　　　안녕하세요! 죄송합니다. 그이는 누구세요?

金: 你好! 我给你介绍一下。
Jīn : Nǐ hǎo! wǒ gěi nǐ jiè shào yí xià.
　　　니 하오 워 게이 니 쩨 싸오이 쌰
　　　안녕하세요! 제가 소개해 드리겠습니다.

　　　他是我的朋友，是韩国留学生。
Tā shì wǒ de péng you, shì Hán guó liú xué shēng
　　　타 쓰 워 더 펑 유 쓰 한 궈 류 쒜 성
　　　그는 저의 친구인데요, 한국 유학생입니다.

王: 你们班班主任是哪位?
Wáng : Nǐ men bān bān zhǔrèn shì nǎ wèi?
　　　니 먼 반 반 주런 쓰 나 웨이
　　　너희들 학급 담임 선생님은 어느 분 이시지?

金: 是教汉语的张老师。
Jīn : Shì jiāo Hàn yǔ de zhāng lǎo shī.
　　　쓰 쟈오 한 위 더 장 라오 스
　　　한어를 가르치시는 장 선생님이십니다.

王: 哦，是吗?
Wáng : Ó, shì ma?
　　　오 쓰 마
　　　아, 그래요?

 포인트

단지…에 불과하다/다만 …에 지나지 않다

只不过…

zhǐ bú guò
즈 부 꿔

예문

1. 只不过是一名小学生。
   Zhǐ bú guò shì yì míng xiǎo xué shēng.
   즈 부 꿔 스 이밍 샤오 쉐 성
   단지 소학생에 불과하다.

2. 只不过是一张纸。
   Zhǐ bú guò shì yì zhāng zhǐ.
   즈 부 꿔스 이 장 즈
   다만 종이 한 장에 불과하다.

3. 只不过刚开始。
   Zhǐ bú guò gāng kāi shǐ.
   즈 부 꿔 깡 카이스
   다만 시작에 지나지 않는다.

4. 只不过是一点儿心意。
   Zhǐ bú guò shì yì diǎnr xīn yì.
   즈 부 꿔스 이 델 신 이
   단지 자그마한 성의에 불과하다.

5. 只不过是我的爱好。
   Zhǐ bú guò shì wǒ de ài hào.
   즈 부 꿔 스 워 더 아이 하오
   다만 저의 취미에 불과하다.

王: 这是什么?
Wáng : Zhè shì shén me?
　　　쩌 쓰 선 머
　　이것이 무엇인데?

金: 这是只不过我的一点儿心意。
Jīn : Zhè shì zhǐ bú guò wǒ de yì diǎnr xīn yì.
　　　쩌 쓰 즈 부 꿔 워 더 이 델 신 이
　　이것은 다만 저의 자그마한 성의에 불과하다.

王: 朋友之间何必这么客气呢?
Wáng : Péng you zhī jiān hé bì zhème kèqi ne?
　　　펑 요우 즈 젠 허 삐 저 머 키기너
　　구태여 친구지간에 이렇게 할 필요가 있겠는가?

金: 朋友嘛, 收下吧。
Jīn : Péng you ma, shōu xia ba.
　　　펑 요우 마 서우시아빠
　　친구잖아.

王: 好。谢谢!
Wáng : Hǎo. xiè xie!
　　　하오 쎄 세
　　좋다. 감사하다!

金: 不用客气。
Jīn : Bú yòng kè qi .
　　　부 융 키 치
　　사양하지 말아.

59

대단하다/뛰어나다

了不起
liǎo bu qǐ
랴오 부 치

예문

1. 了不起的人。
   Liǎo bu qǐ de rén.
   랴오 부 치 더 런
   대단한 사람이다.

2. 你有什么了不起?
   Nǐ yǒu shén me liǎo bu qǐ?
   니 요우 선 머 랴오 부 치
   너 뭐 그리 대단하니?

3. 他真了不起!
   Tā zhēn liǎo bu qǐ!
   타 전 랴오 부 치
   그는 정말 대단하다!

4. 他的功绩是很了不起的。
   Tā de gōng jì shì hěn liǎo bu qǐ de.
   타 더 궁 찌 쓰 헌 랴오 부 치 더
   그의 공은(공적은) 대단한 것이다.

5. 冷得不得了。
   Lěng de bù dé liǎo.
   렁 더 부 더 리아오
   몹시 춥다. (대단히 춥다)

王丽：你真是个 了不起的学生。
Wánglì : Nǐ zhēn shì ge liǎo bu qǐ de xué sheng.
니 전 쓰 거랴오부치더 쉐 성
넌 대단한 학생이다.

金哲：为什么这么说呢?
Jīnzhé : Wèi shén me zhème shuō ne?
웨이 선 머 저머 선 머
왜? (무엇 때문에?)

王丽：你的学习成绩是全校第一嘛。
Wánglì : Nǐ de xué xi chéng jì shì quán xiào dì yī ma.
니 더 쉐 시 청 찌 쓰 췐 샤오 띠 이 마
너의 학업 성적은 전교에서 일등이다.

金哲：那有什么了不起?
Jīnzhé : Nà yǒu shén me liǎo bu qǐ?
나 여우 선 머 랴오 부 치
그것이 뭐 그리 대단하다구?

王丽：我比不了你嘛。
Wánglì : wǒ bǐ bù liǎo nǐ ma.
워 삐 뿌랴오 니 마
너와 비교할 수 없으니 말이다.

金哲：以后我会帮你的。
Jīnzhé : Yǐ hòu wǒ huì bāng nǐ de.
이 호우 워 훼이 방 니 더
앞으로 너를 많이 도와 줄게.

때려보다

打一下

dǎ yí xià
다 이 쌰

예문

1. 打一下看看。

Dǎ yí xià kàn kàn.
다 이 쌰 칸 칸
좀 때려보다. (좀 쳐보다)

2. 打电话。

Dǎ diàn huà.
다 뎬 화
전화를 걸다.

3. 打招呼。

Dǎ zhāo hu.
다 자오 후
인사하다/알리다/주의주다.

4. 打球。

Dǎ qiú.
다 치유
공을 치다.

5. 打架。

Dǎ jià.
다 쨔
싸움하다/다투다.

小金: 不能打人。
Xiǎojīn : Bù néng dǎ rén.
　　　뿌 넝 다 런
　　　사람을 때려서는 안된다.

小王: 打人是错的。
XiǎoWáng : Dǎ rén shì cuò de.
　　　　　다 런 쓰 춰 더
　　　　　사람 때리는 것은 잘못이다.

小金: 别打架，我们打球去吧。
Xiǎojīn : Bié dǎ jià, wǒ men dǎ qiú qù ba.
　　　　베 다 쨔 워 먼 다 치우 취 바
　　　　다투지 말고 우리 공치러 가자.

小王: 这事用不着打架。
XiǎoWáng : Zhè shì yòng bu zháo dǎ jià.
　　　　　쩌 쓰 융 부 자오 다 쨔
　　　　　이 일은 싸울 필요가 없다.

小金: 当然。
Xiǎojīn : Dāng rán .
　　　　당 란
　　　　당연하지. (물론이지)

小王: 以后得注意了。
XiǎoWáng : Yǐ hòu děi zhù yì le.
　　　　　이 호우 데이 쭈 이 러
　　　　　이후 조심해야 되겠다.

때때로/종종
往往
wǎng wǎng
왕 왕

예문

1. 他往往学习到深夜。
Tā wǎng wǎng xué xí dào shēn yè.
타 왕 왕 쒜 시 따오 선 예
그는 때때로 밤늦게까지 공부한다.

2. 他往往一个人上街。
Tā wǎng wǎng yí gè rén shàng jiē.
타 왕 왕 이 꺼 런 쌍 졔
그는 때때로(자주) 혼자서 거리에 나간다.

3. 他往往忽略这一点。
Tā wǎng wǎng hū lüè zhè yì diǎn.
타 왕 왕 후 리 쩌이 뎬
그는 왕왕(때때로) 이 점을 소홀히 한다.

4. 好事往往变成坏事。
Hǎo shì wǎng wǎng biàn chéng huài shì.
하오 쓰 왕 왕 뼨 청 화이 쓰
좋은 일이 때때로(종종, 왕왕) 나쁜 일로 변한다.

5. 往往而在。
Wǎng wǎng'ěr zài.
왕 왕 얼 짜이
도처에(가는 곳마다) 있다.

李 : 他还没来。
Lǐ : Tā hái méi lái.
　　타 하이 메이 라이
　　그는 아직 오지 않았다.

王 : 上街去了吧? 他往往一个人上街。
Wáng : Shàng jiē qù le ba? tā wǎng wǎng yí gè rén shàng jiē.
　　쌍 지 꾸 러바 타 왕 왕 이 꺼 런 쌍 제
　　그는 때때로 혼자서 거리에 나간다.

李 : 不是吧。可能在教室里学习呢。
Lǐ : Bú shì ba. kě néng zài jiào shì lǐ xué xi ne.
　　부 쓰 바 커 넝 짜이 쨔오 쓰 리 쒜 시 너
　　아닐거예요. 교실에서 공부할 겁니다.

王 : 对。他往往学习到深夜。
Wáng : Duì. tā wǎng wǎng xué xí dào shēn yè.
　　뚜이 타 왕 왕 쒜 시 따오 선 예
　　맞다. 그는 때때로 밤늦게까지 공부한다.

李 : 哦，我怎么没想到这一点呢?
Lǐ : ō, wǒ zěn me méi xiǎng dào zhè yì diǎn ne?
　　오 워 전 머 메이 샹 따오 쩌 이 뎬 너
　　오, 난 왜 이 점을 생각지 못했을까?

王 : 我也忽略这一点了。
Wáng : Wǒ yě hū lüè zhè yì diǎn le.
　　워 예 후 리 쩌 이 뎬 러
　　나도 이 점을 소홀히 했다.

~때문에/~에 의하여

由于~

yóu yú~
요우 위

예문

1. 由于不了解，我不能确定。
   Yǒu yú bù liǎo jiě wǒ bù néng què dìng.
   요우 위 뿌 랴오 제 워 뿌 넝 췌 띵
   요해가 없기 때문에, 확정할 수 없다.

2. 由于感冒，不能上学。
   Yǒu yú gǎn mào bù néng shàng xué.
   요우 위 간 마오 뿌 넝 쌍 쉐
   감기 때문에 학교에 갈 수 없다.

3. 由于时间关系，今天就到此为止。
   Yǒu yú shí jiān guān xi jīn tiān jiù dào cǐ wéi zhǐ.
   요우 위 스 젠 관 시 진 텐찌우따오츠웨 즈
   시간관계로 하여, 오늘은 이만 하겠습니다.

4. 由于不认识，他俩在一起很尴尬。
   Yǒu yú bú rèn shi tā liǎ zài yì qǐ hěn gān gà.
   요우 위 부 런 스 타랴짜이 이 치 헌 간 까
   두 분이 서로 모르는 사이기 때문에 같이 있기는 난처하다.

5. 由于有老师的指导，他很快就学会了。
   Yǒu yú yǒu lǎo shī de zhǐ dǎo tā hěn kuài jiù xué huì le.
   요우 위 여우 라오스 더 즈다오타 헌 콰이 찌우 쉐 후이 러
   선생님이 가르쳤기 때문에 그는 빨리 배웠다.

金： 我不跟他一起住。

Jīn： Wǒ bù gēn tā yì qǐ zhù.
워 뿌 건 타 이 치 쭈
난 그와 함께 있지 않겠다.

王： 为什么?

Wáng： Wèi shén me?
웨이 선 머
왜? (무엇 때문에?)

金： 我跟他合不来。

Jīn： Wǒ gēn tā hé bu lái.
워 건 타 허 부 라이
난 그와 마음이 맞지 않다.

王： 慢慢改嘛。

Wáng： Màn man gǎi ma.
만 만 가이 마
천천히 고쳐야지.

金： 由于性格…。

Jīn： Yóu yú xìng gé.
요우 위 씽 거
성격 때문에…

王： 要上课了，没法仔细说了。

Wáng： Yào shàng kè le, méi fǎ zǐxì shuō le.
야오 상 키 러 메이 파 쯔시 수오 러
수업 때문에 길게 말할 수 없다.

더럽다/추악하다

肮脏

āng zāng
앙 장

예문

1. 你手脏了。
Nǐ shǒu zāng le.
니 소우 장 러
네 손이 더러워졌다.

2. 肮脏的手。
Āng zāng de shǒu.
앙 장 더 소우
더러운(추악한) 손

3. 肮脏的交易。
Āng zāng de jiāo yì.
앙 장 더 쟈오 이
더러운 거래

4. 肮脏货。
Āng zāng huò.
앙 장 훠
더러운 놈. (망나니)

5. 肮脏相。
Āng zāng xiàng.
앙 장 썅
더러운 꼴

李: 你手干净吗?
Lǐ : Nǐ shǒu gān jìng ma?
　　니 소우 간 찡 마
　　네 손이 깨끗하냐?

王: 我手也很脏。
Wáng : Wǒ shǒu yě hěn zāng.
　　위 소우 예 헌 장
　　내 손도 더러워.

李: 快去洗一洗吧。
Lǐ : Kuài qù xǐ yi xǐ ba.
　　콰이 취 시 이 시 바
　　빨리 가서 씻어라.

王: 他的衣服又脏又破。
Wáng : Tā de yī fu yòu zāng yòu pò.
　　타 더 이 푸 요우 장 요우 포
　　그의 옷은 더럽고 해졌다.

李: 一块儿洗吧。
Lǐ : Yí kuàir xǐ ba.
　　이 콸 시 바
　　같이 씻자.

王: 快点儿洗, 洗干净啊。
Wáng : Kuài diǎnr xǐ, gān jìng a.
　　콰이 디알 시 간 징 아
　　빨리 깨끗이 씻자.

도대체/마침내

到底
dào dǐ
따오 디

예문

1. 他们到底有什么关系?
Tā men dào dǐ yǒu shén me guān xi?
타 먼 따오 디 요우 선 머 관 시
그들은 도대체 무슨 관계인가?

2. 到底怎么回事?
Dào dǐ zěn me huí shì?
따오 디 전 머 후이 쓰
도대체 어떻게 된 일이냐?

3. 他到底哪里去了?
Tā dào dǐ nǎ li qù le?
타 따오 디 나 리 취 러
그는 도대체 어디로 갔는가?

4. 我到底哪里不如他?
Wǒ dào dǐ nǎ li bù rú tā?
위 따오 디 나 리 뿌 루 타
내가 도대체 어디가 그보다 못하냐?

5. 坚持到底。(동사인 경우)
Jiān chí dào dǐ.
지엔 츠으 따오 디
끝까지 노력하다.

王丽: 这到底怎么回事?
Wánglì : Zhè dào dǐ zěn me huí shì?
쩌 따오 디 전 머 후이 쓰
이게 도대체 어떻게 된 일이니?

金哲: 我也不清楚。
Jīnzhé : Wǒ yě bù qīng chu.
워 예 뿌 칭 추
나도 잘 모르겠다.

王丽: 他们到底哪里去了呢?
Wánglì : Tā men dào dǐ nǎ li qù le ne?
타 먼 따오 디 나 리 취 러 너
그들은 도대체 어디에 갔니?

金哲: 我也不知道。
Jīnzhé : Wǒ yě bù zhī dào.
워 예 뿌 즈 따오
나도 모르겠다.

王丽: 那怎么办好呢?
Wánglì : Nà zěn me bàn hǎo ne?
나 전 머 빤하오 너
그럼 어떻게 하면 좋을까?

金哲: 他们回来再说吧。
Jīnzhé : Tā men huí lái zài shuō ba.
타 먼 후이 라이 짜이 쉬 바
그들이 온 다음에 다시 보기로 하자.

71

> 또한/그리고/게다가
> # 并且
> bìng qiě
> 삥 체

예문

1. 任务艰巨，并且时间紧迫。
Rèn wù jiān jù bìng qiě shí jiān jǐn pò.
런 우 젠 쮜 삥 체 스 젠 진 포
임무(일도) 어렵고, 또한(게다가) 시간도 촉박하다.

2. 他不但学习好，并且品行也很好。
Tā bú dàn xué xí hǎo bìng qiě pǐn xíng yě hěn hǎo.
타 부 딴 쉐 시하오 삥 체 핀 싱 예 헌 하오
그는 학습도 잘할 뿐만 아니라 (또한) 품행도 매우 좋다.

3. 这本书内容好，并且写得很生动。
Zhè běn shū nèi róng hǎo bìng qiě xiě de hěn shēng dòng.
쩌 번 수 네이 롱 하오 삥 체 세 더 헌 성 뚱
이 책은 내용이 좋고 또한 매우 생동하게 쓰여졌다.

4. 表面不但柔软，并且光滑。
Biǎo miàn bú dàn róu ruǎn bìng qiě guāng huá.
뱌오 멘 부 딴로우 롼 삥 체 광 화
표면이 부드러울 뿐만 아니라 또한(게다가) 매끄럽다.

5. 环境也不好，并且经济也很落后。
Huán jìng yě bù hǎo bìng qiě jīng jì yě hěn luò hòu.
환 찡 예 뿌하오 삥 체 징 찌예 헌 뤄 호우
환경도 좋지 않고 또한 경제도 낙후하다.

李 : 他现在学习怎么样呢?
Lǐ : Tā xiàn zài xué xi zěn me yàng ne?
쑤 쎈 짜이 쒜 시 쩐 머 양 너
지금 그이 학습은 어떠한지?

张 : 学习很好，并且品行也很好。
Zhāng : Xué xí hěn hǎo, bìng qiě pīn xíng yě hěn hǎo.
쒜 시 헌 하오 삥 체 핀 싱 예 헌 하오
공부도 잘하고 또한 품행도 매우 좋다.

李 : 学习环境怎么样?
Lǐ : Xué xi huán jìng zěn me yàng?
쒜 시 환 찡 쩐 머 양
학습 환경이 어떠한지?

张 : 自然环境很好，并且学校条件也很好。
Zhāng : Zì rán huán jìng hěn hǎo, bìng qiě xué xiào tiáo jiàn yě hěn hǎo.
쯔 란 환 찡 헌 하오 삥 체 쒜 쌰오 탸오 쩬 예헌 하오
자연환경도 좋고 또한 학교 조건도 매우 좋다.

李 : 学习紧张吗?
Lǐ : Xué xí jǐn zhāng ma?
쒜 시 진 장 마
학습이 긴장하냐?

张 : 不紧张。
Zhāng : Bù jǐn zhāng.
뿌 진 장
긴장하지 않다.

포인트

마침(한창)~하고 있는 중이다

正在

zhèng zài
쩡 짜이

예문

1. 他正在看书呢。
Tā zhèng zài kàn shū ne.
타 쩡 짜이 칸 수 너
그는 마침 책을 보고 있다. (그는 책을 보고 있는 중이다)

2. 我们正在上课呢。
Wǒ men zhèng zài shàng kè ne.
워 먼 쩡 짜이 쌍 커 너
우리는 한창(마침) 수업중이다.

3. 他正在等着呢。
Tā zhèng zài děng zhe ne.
타 쩡 짜이 덩 저 너
그는 마침 기다리고 있다.

4. 他正在做什么?
Tā zhèng zài zuò shén me?
타 쩡 짜이 쮀 선 머
그는 마침 무엇을 하고 있니?

5. 我正在做作业呢。
Wǒ zhèng zài zuò zuò yè ne.
워 쩡 짜이 쮀 쮀 예 너
나는 한창 숙제를 하고 있는 중이다.

74

王丽: 他干什么呢?
Wánglì : Tā gàn shén me ne?
　　　　타 깐　선 머 너
　　　　그는 뭘 하고 있니?

金哲: 他正在看书呢。
Jīnzhé : Tā zhèng zài kàn shū ne.
　　　　타 쩡 짜이 칸 수 너
　　　　그는 책을 보고 있는 중이다.

王丽: 金哲，你呢?
Wánglì : Jīn zhé nǐ ne?
　　　　진 저 니 너
　　　　진저, 너는?

金哲: 我看电脑呢。
Jīnzhé : Wǒ kàn diàn nǎo ne.
　　　　워 칸　뗸 나오 머
　　　　난 컴퓨터를 보고 있었어.

王丽: 我们现在去书店吧。
Wánglì : Wǒ men xiàn zài qù shū diàn ba.
　　　　워 먼　쎈짜이 취 수 뗸 바
　　　　우리 지금 서점에 가자.

金哲: 好，马上去。
Jīnzhé : Hǎo, mǎ shang qù.
　　　　하오 마 상 취
　　　　곧 가겠다.

마침내 도착했다

终于到了
zhōng yú dào le
중 위 따오 러

예문

1. 终于到家了。
Zhōng yú dào jiā le.
중 위 따오 쟈 러
마침내 집에 도착했다.

2. 终于去不了了。
Zhōng yú qù bu liǎo le.
중 위 취 뿌 랴오 러
끝내 가지 못했다.

3. 终于成功了。
Zhōng yú chéng gōng le.
중 위 청 궁 러
마침내 성공했다.

4. 他终于没说出口。
Tā zhōng yú méi shuō chū kǒu.
타 중 위 메이 쉬 추 코우
그는 끝내 말하지 못했다.

5. 终于没学好。
Zhōng yú méi xué hǎo.
중 위 메이 쉐 하오
끝내 잘 배우지 못했다.

李: 学好了吗?
Lǐ : Xué hǎo le ma?
쉐 하오 러 마
잘 배웠어요?

王: 终究没学好。
Wáng : Zhōng jiù méi xué hǎo.
중 지우메이 쉐 하오
끝내 잘 배우지 못했어요.

李: 继续努力终于有一天会成功的。
Lǐ : Jì xù nǔ lì zhōng yú yǒu yì tiān huì chéng gōng de.
찌쒸 누리 중 위여우이티앤후에이 청궁 더
계속 노력하면 끝내 성공할 것이다.

王: 哎呀,累死了!
Wáng : Āi yā lèi sǐ le!
아 야레이 스 러
아이고, 힘들어 죽겠다!

李: 坚持到底。
Lǐ : Jiān chí dào dǐ.
젠 츠따오디
끝까지 견지하다.

王: 好。我会坚持到底的。
Wáng : Hǎo, Wǒ huì jiān chí dào dǐ de.
하오 워 후에이 젠 츠따오디 더
좋다. 끝까지 견지하겠다.

만약 그렇지 않으면

否则~。

fǒu zé
포우 저

예문

1. 赶快学吧, 否则学不了了。
   Gǎn kuà xué ba, fǒu zé xué bù liǎo le.
   깐 쿠아 쉬에 빠 포우 저 쉐 뿌 랴오 러
   지금 배우지 않으면, 배울 수 없다.

2. 最好今年学, 否则学不了了。
   Zuì hǎo jīn nián xué fǒu zé xué bù liǎo le.
   쭈이 하오 진 녠 쉐 포우 저 쉐 뿌 랴오 러
   올해 배우는 것이 가장 좋은데 그렇지 않으면 배울 수 없다.

3. 现在马上去, 否则去不了了。
   Xiàn zài mǎ shàng qù fǒu zé qù bu liǎo le.
   쎈 짜이 마 쌍 취 포우저 취 부 랴오 러
   지금 곧 가야지, 그렇지 않으면 갈 수 없다.

4. 最好上午买, 否则下午买不到了。
   Zuì hǎo shàng wǔ mǎi fǒu zé xià wǔ mǎi bù dào le.
   쭈이 하오 쌍 우 마이 포우 저 쌰 우 마이 뿌 따오 러
   오전에 사는 것이 가장 좋은데, 그렇지 않으면 오후에는 살 수 없다.

5. 否则怎么办?
   Fǒu zé zěn me bàn?
   포우 저 전 머 빤
   그렇지 않으면 어떻게 할 것인가?

李: 你现在马上去，否则去不了了。
Lǐ : Nǐ xiàn zài mǎ shàng qù, fǒu zé qù bù liǎo le.
니 쎈 짜이 마 쌍 취 포우 저 취 뿌 랴오 러
너 지금 곧 가야지, 그렇지 않으면 갈 수 없다.

张: 明天去不行吗?
Zhāng : Míng tiān qù bù xíng ma?
밍 텐 취 뿌 싱 마
내일 가면 안됩니까?

李: 马上去，否则不行。
Lǐ : Mǎ shàng qù, fǒu zé bù xíng.
마 쌍 취 포우 저 뿌 싱
곧 가야지 그렇지 않으면 안된다.

张: 好。马上去。
Zhāng : Hǎo mǎ shàng qù.
하오 마 쌍 취
그러죠. 곧 가겠어요.

李: 最好快点儿，否则赶不上。
Lǐ : Zuì hǎo kuài diǎnr, fǒu zé gǎn bu shàng.
쭈이 하오 콰이 띠엔 포우 저 간 부 쌍
만약 빨리 가야지, 그렇지 않으면 뒤떨어진다. (대지 못한다)

张: 知道了。
Zhāng : Zhī dào le.
즈 따오 러
알았습니다.

만일/만약

如果
rú guǒ
루 궈

예문

1. 如果有问题，可以提。
Rú guǒ yǒu wèn tí kě yǐ tí.
루 궈 요우 원티 커이티
만약 문제가 있으면 제기할 수 있다.

2. 如果有什么就给什么。
Rú guǒ yǒu shén me jiù gěi shén me.
루 궈 요우 선 머 지우게이 선 머
만약 무엇이 있으면 무엇을 주겠다.

3. 如果学习不好怎么办？
Rú guǒ xué xí bù hǎo zěn me bàn?
루 궈 쉐시 뿌하오 전 머 빤
만약 학습이 그닥찮으면 어떻게 하지?

4. 如果他办不了，你能办吗？
Rú guǒ tā bàn bu liǎo nǐ néng bàn ma?
루 궈 타 빤 부랴오 니 넝 빤 마
만일 그가 못하면 너가 할 수 있니?

5. 如果他不同意呢？
Rú guǒ tā bù tóng yì ne?
루 궈 타 뿌 퉁 이 너
만약 그가 동의하지 않으면 어떻게 할거니?

王丽: 如果他不来呢?
Wánglì : Rú guǒ tā bù lái ne?
　　　 루 궈 타 뿌 라이 너
　　　 만약 그가 오지 않으면?

金哲: 我去。
Jīnzhé : Wǒ qù.
　　　 위 취
　　　 내 가겠다.

王丽: 如果你做不到怎么办?
Wánglì : Rú guǒ nǐ zuò bu dào zěn me bàn?
　　　 루 궈 니 쭤 부따오 전 머 빤
　　　 만일 너가 하지 못할 때는 어떻게 하겠니?

金哲: 如果我能做到呢?
Jīnzhé : Rú guǒ wǒ néng zuò dào ne?
　　　 루 궈 위 넝 쭤 따오 너
　　　 만일 내가 해낸다면?

王丽: 那当然好。
Wánglì : Nà dāng rán hǎo.
　　　 나 당 란 하오
　　　 그야 당연히 좋지.

金哲: 我一定要做到。
Jīnzhé : Wǒ yí dìng yào zuò dào.
　　　 위 이 띵 야오 쭤 따오
　　　 난 꼭 해낸다.

~말할 것도 없고 …조차도

别说~，连…。

bié shuō~, lián…
베 쉬 렌

예문

1. 别说他，连我也那样。
Bié shuō tā lián wǒ yě nà yàng.
베 쉬 타 렌 위 예 나 양
그는 말할 것도 없고 저 역시 그(모양이다)렇다.

2. 别说我，连你也想。
Bié shuō wǒ lián nǐ yě xiǎng.
베 쉬 위 렌 니 예 샹
나는 말할 것도 없고 너도 생각할 것이다.

3. 别说小孩，连大人也难。
Bié shuō xiǎo hái lián dà rén yě nán.
베 쉬 샤오 하이 렌 따 런 예 난
아이는 말할 것도 없고 어른조차도 힘들다.

4. 别说他，连自己也都忘了。
Bié shuō tā lián zì jǐ yě dōu wàng le.
베 쉬 타 렌 쯔지예도우 왕 러
그는 말할 것도 없고 자기조차도 다 잊어버렸다.

5. 别说她，连我都想去。
Bié shuō tā lián wǒ dōu xiǎng qù.
베 쉬 타 렌 위 도우 샹 취
그녀는 말할 것도 없고 저조차 가고 싶다.

王丽: 试题怎么样?
Wánglì : Shì tǐ zěn me yàng?
　　　쓰티전머 양
　　　시제가 어떠하니?

金哲: 别说我，连老师自己也觉得难。
Jīnzhé : Bié shuō wǒ lián lǎo shī zì jǐ yě jué de nán.
　　　베 쉬 워 롄 라오스쯔지예쥐에 더난
　　　나는 말할 것도 없고 선생님조차도 어려워한다.

王丽: 考得怎么样?
Wánglì : Kǎo de zěn me yàng?
　　　카오더전머 양
　　　시험을 어떻게 쳤지?

金哲: 考得不好。
Jīnzhé : Kǎo de bù hǎo.
　　　카오 더 뿌하오
　　　시험이 그닥잖아.

王丽: 其他人呢?
Wánglì : Qí tā rén ne?
　　　치타르언 너
　　　그럼 어떻게 하지?

金哲: 其他人也都没考好。
Jīnzhé : Qí tā rén yě dōu méi kǎo hǎo.
　　　치나르언예도우메이카오하오
　　　여러 사람들도 잘 치지 못했다.

> **맛보다(겪다)**
> # 尝尝
> cháng chang
> 창　창

예문

1. **尝尝这个菜。**
   Cháng chang zhè ge cài.
   창　창　쩌 거 차이
   이 요리를 맛보세요.

2. **尝尝味道。**
   Cháng Cháng wèi dao.
   창　창　웨이따오
   맛을 보다.

3. **尝味儿。**
   Cháng wèi r.
   창　웨이
   맛 보다.

4. **饱尝世味。**
   Bǎo cháng shì wèi.
   바오 창　쓰 웨이
   산전수전 다 겪다.

5. **尝法。**
   Cháng fǎ.
   창　프아
   시행법.

小王: 我们今天尝尝这家的菜。
Xiǎowáng : Wǒ men jīn tiān cháng chang zhè jiā de cài.
　　　　워 먼 진 톈 창　 창 쩌 쟈 더 차이
　　　　우리 오늘 이 집 요리를 맛보자.

小金: 他家的菜味香吗?
Xiǎojīn : Tā jiā de cài wèi xiāng ma?
　　　　타 쟈 더 차이 웨이 샹 마
　　　　그 집 요리 맛이 좋은가?

小王: 尝尝才知道呀!
XiǎoWáng : Cháng Cháng cái zhī dào ya!
　　　　　창　 창 차이 즈따오야
　　　　　경험해 봐야지.

小金: 味道不怎么好。
XiǎoJīn : Wèi dào bù zěn me hǎo.
　　　　웨이따오 뿌 전 머 하오
　　　　맛이 그닥잖아.

小王: 一看就知道味儿。
XiǎoWáng : Yí kàn jiù zhī dào wèir.
　　　　　이 칸 지우 즈따오 월
　　　　　보면 맛을 알 수 있다.

小金: 那你不尝也行。
Xiǎojīn : Nà nǐ bù cháng yě xíng.
　　　　나 니 뿌 창 예 싱
　　　　그럼 너는 맛보지 않아도 되겠다.

85

몇이냐? (얼마냐?)

几个呢?

nǐ ge ne

지 거 너

예문

1. 有几个人?

Yǒu jǐ ge rén?

요우 지 거 런

몇 사람이 있습니까?

2. 今天是十月三十一号。

Jīn tiān shì shí yuè sān shí yī hào.

진 톈 쓰 스 웨 산 스 이 하오

오늘은 10월 31일입니다.

3. 今天是星期几?

Jīn tiān shì xīng qī jǐ?

진 톈 쓰 싱 치 지

오늘은 무슨 요일입니까?

4. 几点上课?

Jǐ diǎn shàng kè?

지 뎬 쌍 커

몇 시에 수업하냐?

5. 几年了?

Jǐ nián le?

지 녠 러

몇 년이냐?

老李: 今天几号?
LǎoLǐ : Jīn tiān jǐ hào?
진 텐 지 하오
오늘 몇 일 입니까?

老金: 今天是十月一日。
LǎoJīn : Jīn tiān shì shí yuè yī rì.
진 텐 쓰 스 웨이 르
오늘이 10월 1일입니다.

老李: 星期日干什么了?
LǎoLǐ : Xīng qī rì gàn shén me le?
싱 치르 깐 선 머러
일요일 무엇을 하셨습니까?

老金: 星期日上班了。
lǎoJīn : Xīng qī rì shàng bān le.
싱 치르 쌍 반 러
일요일도 출근했습니다.

老李: 你工作已经几年了?
LǎoLǐ : Nǐ gōng zuò yǐ jīng jǐ nián le?
니 궁 쭤이 징 지 녠러
당신은 사업한지 이미 몇 년이 되었어요?

老金: 快三十年了。
LǎoJīn : Kuài sān shí nián le.
콰이 산 스 녠 러
삼십년이 되어옵니다.

 **포인트**

무엇입니까?

什么?
shén me
선 머

예문

1. 这是什么?
Zhè shì shén me?
쩌 쓰 선 머
이것은 무엇입니까?

2. 你学什么专业?
Nǐ xué shén me zhuān yè?
니 쉐 선 머 좐 예
넌 무슨 전공학과를 배우느냐?

3. 你的爱好是什么?
Nǐ déài hào shì shén me?
니 더아이 하오 쓰 선 머
너의 취미는 무엇이냐?

4. 你有什么书?
Nǐ yǒu shén me shū?
니 요우 선 머 수
너에게 무슨 책이 있느냐?

5. 什么也没有。
Shén me yě méi yǒu.
선 머 예 메이 요우
무엇도 없다.

李: 这是什么?
Lǐ : Zhè shì shén me?
쩌 쓰 선 머
이것은 무엇이냐?

王: 这是手机。
Wáng : Zhè shì shǒu jī.
쩌 쓰 소우 지
이것은 핸드폰입니다.

李: 你学的专业是什么?
Lǐ : Nǐ xué de zhuān yè shì shén me?
니 쉐더 찬 예쓰 선 머
너가 배우는 전공학과는 무엇이지?

王: 我学的专业是产业工学。
Wáng : Wǒ xué de zhuān yè shì chǎn yè gōng xué.
워 쉐더 찬 예쓰 찬예궁 쉐
저가 배우는 전공학과는 산업공학입니다.

李: 你的爱好是什么?
Lǐ : Nǐ de ài hào shì shén me?
니 더 아이 하오 쓰선 머
너의 취미(기호)는 무엇이지?

王: 我的爱好是体育。
Wáng : Wǒ de ài hào shì tǐ yù.
워 더 아이 하오 쓰 티 위
저의 기호는 체육입니다.

미안합니다

对不起

duì bu qǐ
뚜이 부 치

예문

1. 先生，对不起。
Xiān sheng duì bu qǐ.
셴 성 뚜이 부 치
선생, 미안합니다.

2. 真抱歉。
Zhēn bào qiàn.
전 빠오 첸
정말 미안합니다.

3. 没关系。
Méi guān xi.
메이 관 시
괜찮습니다.

4. 没事儿。
Méi shìr.
메이 설
괜찮습니다.

5. 不必介意。
Bú bì jiè yì.
부 삐 쩨 이
개의치 마십시오.

金哲： 对不起，让你久等了。
Jīnzhé : Duì bu qǐ ràng nǐ jiǔ děng le.
뚜이부치 랑 니지우덩 러
오래 기다리게 해서 미안합니다.

王丽： 没关系。
Wánglì : Méi guān xi.
메이 관 시
괜찮습니다.

金哲： 真抱歉，以后一定按时来。
Jīnzhé : Zhēn bào qiàn, yǐ hòu yí dìng àn shí lái.
전 빠오 첸 이 호우 이 띵 안 스 라이
정말 미안합니다, 이후에는 꼭 제때에 오겠습니다.

王丽： 不必介意，没事儿的。
Wánglì : Bú bì jiè yì, méi shìr de.
부 삐 쩨 이 메이 설 더
아무 일 없으니 개의치 마세요.

金哲： 其实，半路上我的自行车坏了。
Jīnzhé : Qí shí, bàn lù shang wǒ de zì xíng chē huài le.
치 스 빤루 상 워 더 쯔 싱 처화이러
실제는(사실상) 오는 길에 제 자전거가 고장 났습니다.

王丽： 所以没关系嘛。
Wánglì : Suǒ yǐ méi guān xi ma.
쒀 이 메이 관 시 마
그래서 괜찮은 겁니다.

바꾸고 싶다
想换
xiǎng huàn
샹 환

예문

1. 想换吗?
Xiǎng huàn ma?
샹 환 마
바꾸고 싶습니까?

2. 想换什么?
Xiǎng huàn shén me?
샹 환 선 머
무엇을 바꾸려 합니까?

3. 你能换吗?
Nǐ néng huàn ma?
니 넝 환 마
당신은 바꿀 수 있습니까?

4. 换不换一样。
Huàn bu huàn yí yàng.
환 부 환 이 양
바꾸나 마나입니다.

5. 没有换。
Méi yǒu huàn.
메이 요우 환
바꾸지 않았습니다.

售货员: 想买什么?

Shòuhuòyuán : Xiǎng mǎi shén me?

샹 마이 션 머

무엇을 사려 합니까?

顾客: 能不能给换?

Gùkè : Néng bu néng gěi huàn?

넝 부 넝 게이 환

바꾸어 줄 수 있습니까?

售货员: 能换。

Shòuhuòyuán : Néng huàn.

넝 환

바꾸어 드릴 수 있습니다.

顾客: 和那件换一下。

Gùkè : Hé nà jiàn huàn yí xià.

허 나 쩬 환 이시아

저것과 바꾸겠습니다.

售货员: 可以。

Shòuhuòyuán : Kě yǐ.

커 이

됩니다. (네)

顾客: 谢谢!

Gùkè : Xiè xie!

쎄 세

고맙습니다!

보았다

看了
kàn le
칸 러

예문

1. 我看过。
Wǒ kàn guo.
워 칸 궈
전 본적이 있다.

2. 他没看过。
Tā méi kàn guo.
타 메이 칸 궈
그는 본적이 없다.

3. 我不看了。
Wǒ bú kàn le.
워 부 칸러
난 보지 않겠다.

4. 我还没看过。
Wǒ hái méi kàn guo.
워 하이 메이 칸 궈
난 아직도 본적이 없다.

5. 我们能看到的。
Wǒ men néng kàn dào de.
워 먼 넝 칸따오 더
우리는 볼 수 있을 것이다.

王丽: 金哲，你看过京剧吗?
Wánglì : Jīn zhé nǐ kàn guo jīng jù ma?
　　　　진 저 니 칸 궈　징 쮜 마
　　　　김철, 경극을 본적이 있니?

金哲: 没看过。
Jīnzhé : Méi kàn guo.
　　　　메이 칸 궈
　　　　본적이 없다.

王丽: 我有票，你想去看吗?
Wánglì : Wǒ yǒu piào nǐ xiǎng qù kàn ma?
　　　　워요우 퍄오 니　샹　취 칸 마
　　　　내게 표가 있으니, 가보고 싶으냐?

金哲: 我想看一看。
Jīnzhé : Wǒ xiǎng kàn yi kàn.
　　　　워　샹　칸 이 칸
　　　　좀 보고 싶어.

王丽: 好。我们一块儿去看吧。
Wánglì : Hǎo wǒ men yí kuàir qù kàn ba.
　　　　하오워 먼 이　콸 취 칸 바
　　　　그래(좋다). 우리 함께 가 보자.

金哲: 谢谢。
Jīnzhé : Xiè xie.
　　　　쎄 세
　　　　고맙다.

복잡하다
复杂
fù zá
푸 자

예문

1. 问题复杂。
   Wèn tí fù zá.
   원 티 푸 자
   문제가 복잡하다.

2. 城市交通很复杂。
   Chéng shì jiāo tōng hěn fù zá.
   청 쓰 쟈오 퉁 헌 푸 자
   성시 교통이 매우 복잡하다.

3. 情况复杂。
   Qíng kuàng fù zá.
   칭 쾅 푸 자
   상황이 복잡하다.

4. 心情复杂。
   Xīn qíng fù zá.
   신 칭 푸 자
   심정이 복잡하다.

5. 复杂劳动。
   Fù zá láo dòng.
   푸 자 라오 뚱
   숙련 노동이다.

老李 : 情况怎么样?
LǎoLǐ : Qíng kuàng zěn me yàng?
칭 쾅 전 머 양
상황이 어떠해요?

老张 : 情况很复杂。
LǎoZhāng : Qíng kuàng hěn fù zá.
칭 쾅 헌 푸자
상황이 매우 복잡합니다.

老李 : 那怎么办呢?
LǎoLǐ : Nà zěn me bàn ne?
나 전 머 빤 너
그럼 어떻게 하죠?

老张 : 这不是简单的问题。
LǎoZhāng : Zhè bú shì jiǎn dān de wèn tí.
쩌 부 쓰 젠 단 더 원 티
이건 간단한 문제가 아닙니다.

老李 : 想办法赶快解决。
Lǎolǐ : Xiǎng bàn fǎ gǎn kuài jiě jué.
샹 빤프아 간콰이 제 줴
방법을 생각해서 빨리 해결해야 합니다.

老张 : 我也这么想。
LǎoZhāng : Wǒ yě zhè me xiǎng.
워 예 저 머 시앙
나도 그렇게 생각하고 있습니다.

포인트

~부터(에서) ~까지

从~ 到~

cóng~ dào~
충   따오

예문

1. 从早到晚。
Cóng zǎo dào wǎn.
충 자오 따오 완
아침부터 저녁까지.

2. 从小到大。
Cóng xiǎo dào dà.
충 샤오 따오 따
작은 것으로부터 큰 데까지.

3. 从首尔到北京。
Cóng Shǒuěr dào Běi jīng.
충 소우 얼 따오 베이 징
서울부터 북경까지.

4. 从里到外。
Cóng lǐ dào wài.
충 리 따오 와이
안으로부터 밖까지.

5. 从头到脚。
Cóng tóu dào jiǎo.
충 토우 따오 쟈오
머리에서 발까지.

王: 你从哪里来?
Wáng : Nǐ cóng nǎ li lái?
　　　니 충 나 리 라이
　　　당신은 어디에서 왔습니까?

金: 我从首尔来。
Jīn : Wǒ cóng Shǒuěr lái.
　　　워 충 소우 얼 라이
　　　나는 서울에서 옵니다.

王: 你是从小在首尔长大的吗?
Wáng : Nǐ shì cóng xiǎo zài Shǒu'er zhǎng dà de ma?
　　　니 쓰 충 샤오 짜이 소우 얼 장 따 더 마
　　　넌 어려서부터 서울에서 자라났니?

金: 不是，是在山村长大的。
Jīn : Bú shì shì zài shān cūn zhǎng dà de.
　　　부 쓰 쓰 짜이 산 춘 장 따 더
　　　아니, 산촌에서 자랐어.

王: 我也是在山村长大的。
Wáng : Wǒ yě shì zài shān cūn zhǎng dà de.
　　　워 예 스 짜이 산 춘 장 따 더
　　　나도 어려서부터 산촌에서 컸어.

金: 咱俩是生在农村，长在农村。
Jīn : Zán liǎ shì shēng zài nóng cūn zhǎng zài nóng cūn.
　　　잔 랴 쓰 성 짜이 농 춘 종 짜이 농 춘
　　　우리 둘은 촌에서 태어나서 촌에서 자랐다.

분석했다

分析了

fēn xī le

프언 시 러

1. **分析问题。**

   Fēn xī wèn tǐ.

   프언 시 원 티

   문제를 분석하다.

2. **深入分析。**

   Shēn rù fēn xī.

   선 루 프언 시

   깊이 있게 분석하다.

3. **分析研究。**

   Fēn xī yán jiū.

   프언 시 옌 지우

   분석 연구하다.

4. **分析形势。**

   Fēn xī xíng shì.

   프언 시 싱 쓰

   형세를 분석하다.

5. **综合分析。**

   Zōng hé fēn xī.

   중 허 프언 시

   종합 분석하다.

小李: 问题分析了吗?
XiǎoLǐ : Wèn tǐ fēn xī le ma?
　　　　원 티 프언 시 러 마
　　　　문제 분석을 했어요?

小张: 还没有分析完。
XiǎoZhāng : Hái méi yǒu fēn xī wǎn.
　　　　하이 메이 요우 프언 시 완
　　　　아직 분석이 끝나지 않았습니다.

小李: 必须仔细分析。
XiǎoLǐ :　Bì xū zǐ xì fēn xī.
　　　　삐 쉬 즈 씨 프언 시
　　　　문제를 반드시 자세히 분석해야 합니다.

小张: 综合分析。
XiǎoZhāng : Zōng hé fēn xī.
　　　　중 허 프언 시
　　　　종합분석하겠습니다.

小李: 也要深入分析。
XiǎoLǐ :　Yě yào shēn rù fēn xī.
　　　　예 야오 선　루 프언 시
　　　　역시 깊이 있게 분석해야 합니다.

小张: 我知道了。
Xiǎozhāng : Wǒ zhī dào le.
　　　　워　즈 따오 러
　　　　또 분석 연구해야 합니다.

~불구하고/~상관하지 않고

不顾~

bú gù~
부 꾸

1. 不顾有病，就去上学了。

Bú gù yǒu bìng, jiù qù shàng xué le.
부 꾸 요우 삥 지우 취 쌍 쉐 러
몸이 아픔에도 불구하고 학교에 간다.

2. 不顾一切。

Bú gù yí qiè.
부 꾸 이 체
일체를(모든 것을) 상관하지 않다.

3. 不顾成绩下降，天天玩游戏。

Bú gù chéng jì xià jiàng tiān tiān wán yóu xì.
부 꾸 청 찌 쌰 쨩 텐 텐 완 요우 씨
성적이 나빠지는 것도 상관하지 않고 매일 게임만 한다.

4. 不顾麻烦。

Bú gù má fan.
부 꾸 마 환
귀찮은 것도 상관치 않는다.

5. 老李不顾年老体衰。

Lǎo lǐ bú gù nián lǎo tǐ shuāi.
라오 리 부 꾸 녠 라오 티 쐐이
라오리는 고령에 쇠약해진 몸도 상관하지 않는다.

王: 你不麻烦吗?
Wáng : Nǐ bù má fan ma?
　　　　니 뿌 마 환 마
　　　귀찮지도 않니?

张: 不麻烦。
Zhāng : Bù má fan.
　　　　뿌 마 환
　　　귀찮지 않다.

王: 你不麻烦，别人麻烦呢。
Wáng : Nǐ bù má fan bié rén má fan ne.
　　　　니 뿌 마 환 베 런 마 환 너
　　　너는 귀찮치 않아도 남은 귀찮아한다.

张: 我不管别人。
Zhāng : Wǒ bú guǎn bié rén.
　　　　위 부 꾸안 베 런
　　　난 남에 대해 상관하지 않는다.

王: 这不礼貌。
Wáng : Zhè bù lǐ mào.
　　　　쩌 뿌 리 마오
　　　이것은 예의가 아니다.

张: 我知道。
Zhāng : Wǒ zhī dào.
　　　　위 즈 따오
　　　그렇지. (옳다)

비교하여 보다

比一比
bǐ yi bǐ
비 이 비

예문

1. 比大小。
Bǐ dà xiǎo.
비 따 샤오
크기를 비교하다.

2. 今天比昨天冷。
Jīn tiān bǐ zuó tiān lěng.
진 텐 비쭤 텐 렁
오늘은 어제보다 춥다.

3. 首尔比东北热多了。
Shǒu ěr bǐ dōng běi rè duō le.
서우 얼비 둥 베이 러 둬 러
서울이 동북보다 훨씬 덥다.

4. 我比不上他。
Wǒ bǐ bú shàng tā.
워 비 뿌 상 타
난 그와 비길 수 없다.

5. 坚比金石。
Jiān bǐ jīn shí.
젠비 진 스
굳세기가 금석과 같다.

王: 我比他大。
Wáng : Wǒ bǐ tā dà.
　　　워 비 타 따
　　난 그 보다 크다.

李: 我比他小。
Lǐ : 　Wǒ bǐ tā xiǎo.
　　　워 비 타 샤오
　　난 그 보다 작다.

王: 我比不上他。
Wáng : Wǒ bǐ bù shàng tā.
　　　　워 비 뿌 　상 　타
　　난 그와 비길 수 없다.

李: 我才比不上你。
Lǐ : 　Wǒ cái bǐ bù shàng nǐ .
　　　워 차이 비 뿌 　상 　니
　　나야말로 너와 비길 수 없다.

王: 你怎么那么谦虚呢。
Wáng : Nǐ zěn me nà me qiān xū ne.
　　　　니 전 머 나 머 첸 쉬 너
　　넌 그렇게 겸손하니.

李: 你也很谦虚呀。
Lǐ : 　Nǐ yě hěn qiān xū ya.
　　　니 예 헌 치앤 쉬 야
　　너야말로 겸손하다.

비록 ~ 일지라도(하지만)

虽然 ~ 但是(可是)

suī rán dàn shì(kě shì)
수이 란 ~ 딴 쓰(커 쓰)

예문

1. 他虽然个子矮，但是跑得快。
   Tā suī rán gè zi'ǎi dàn shì pǎo de kuài.
   타 수이 란 꺼 즈 아이 딴 쓰 파오 더 콰이
   그는 비록 키는 작지만 뛰기는 빠르다.

2. 房子虽然旧，但是很干净。
   Fáng zi suī rán jiù dàn shì hěn gān jìng.
   팡 즈 수이 란 찌우 딴 쓰 헌 간 찡
   집이 비록 낡았지만, 매우 깨끗하다.

3. 他虽然学习好，但是性格不怎么好。
   Tā suī rán xué xí hǎo dàn shì xìng gé bù zěn me hǎo.
   타 수이 란 쉐 시 하오 딴 쓰 씽 거 뿌 전 머 하오
   그는 비록 학습은 잘하지만, 성격은 그리 좋지 않다.

4. 虽然输了比赛，但是长了信心。
   Suī rán shū le bǐ sài dàn shì zhǎng le xìn xīn.
   수이 란 수 러 비 싸이 딴 쓰 장 러 씬 신
   비록 시합에 지긴 했지만 자신감이 늘었다.

5. 经济虽然不景气，但并没有走下坡路。
   Jīng jì suī rán bù jǐng qì dàn bìng méi yǒu zǒu xià pō lù.
   징 찌 수이 란 뿌 징 치 딴 삥 메이 요우 조우 샤 포 루
   경제가 비록 불경기이긴 하지만 내리막길을 걷고 있지는 않다.

李: 他现在怎么样呢?
Lǐ : Tā xiàn zài zěn me yàng ne?
타 쎈 짜이 전 머 양 너
지금 그는 어떠합니까?

张: 他虽然学习好，但是性格还那样。
Zhāng : Tā suī rán xué xí hǎo dàn shì xìng gé hái nà yàng.
타 수이란 쉐 시하오딴 쓰 씽 거하이나 양
그는 비록 학습은 잘하지만 성격은 여전합니다.

李: 他会改的。
Lǐ : Tā huì gǎi de.
타 후이 가이 더
그는 고칠 겁니다.

张: 虽然性格变了，但是没有进步怎么办?
Zhāng : Suī rán xìng gé biàn le dàn shì méi yǒu jìn bù zěn me bàn?
수이란 씽 거삐앤러딴 쓰 메이요우 찐뿌전 머 빤
비록 성격은 고쳤다지만 진보가 없으면 어떻게 하죠?

李: 他虽然个子矮，但是有决心的。
Lǐ : Tā suī rán gè zi ǎi dàn shì yǒu jué xīn de.
타 수이 란 꺼 즈 아이 딴 쓰 요우 쥐에 신 더
비록 키는 작지만 결심이 있어요.

张: 是吗? 没有十全十美吗。
Zhāng : Shì ma? méi yǒu shí quán shí měi ma.
쓰 마 메이 요우 스 췐 스 메이 마
그래요? 완전무결한 것이 없잖아요.

설마 ~ 하겠는가?

难道

nán dào
난 따오

예문

1. 难道错了吗?
Nán dào cuò le ma?
난 따오 춰 러 마
설마 틀렸겠는가? (틀렸단 말인가?)

2. 难道没有发言权?
Nán dào méi yǒu fā yán quán?
난 따오 메이 요우 프아 옌 쳰
설마 발언권이 없겠는가?

3. 难道要解雇我?
Nán dào yào jiě gù wǒ?
난 따오 야오 제 꾸 워
설마 날 해고하겠는가?

4. 难道我害怕你不成?
Nán dào wǒ hái pà nǐ bú chéng?
난 따오 위 하이 파 니 뿌 청
설마 내가 아직도 너를 무서워하는 것은 아니겠지?

5. 难道你疯了不成?
Nán dào nǐ fēng le bù chéng?
난 따오 니 프엉 러 뿌 청
설마 너 미친 건 아니겠지?

李: 难道我算的题错了吗?

Lǐ : Nán dào wǒ suàn de tí cuò le ma?

　　난 따오위　쫜 더 티 춰 러 마

설마 내가 계산한 문제가 틀렸단 말인가?

王: 没错? 再看看。

Wáng : Méi cuò? zài　kàn kan.

　　메이 춰　짜이 칸 칸

틀리지 않았다고? 다시 계산해 봐.

李: 难道我不知道?

Lǐ : Nán dào wǒ bù zhī dào?

　　난 따오 워 뿌 즈 따오

내가 모른단 말인가?

王: 不是不知道。

Wáng : Bú shì bù zhī dào.

　　부 쓰 뿌 즈 따오

모르는 것이 아니다.

李: 难道我不明白?

Lǐ : Nán dào wǒ bù míng bai?

　　난 따오 워 뿌　밍 바이

내가 모른단 말인가?

王: 不是不明白是太粗心了。

Wáng : Bú shì bù míng bai shi tài cū xīn le.

　　부 쓰 뿌 밍 바이 스 타이 추 신 러

모르는 것이 아니라 주의하지 않았다.

설명했다
说明了
shuō míng le
쉬 밍 러

예문

1. 请你说明一下。
   Qǐng nǐ shuō míng yí xià.
   칭 니 쉬 밍 이 쌰
   당신께서 설명해주세요.

2. 事实说明他没有罪。
   Shì shí shuō míng tā méi yǒu zuì.
   쓰 스 쉬 밍 타 메이 요우 쭈이
   사실이 그가 죄가 없다는 것을 설명해준다.

3. 你说明一下原因吧。
   Nǐ shuō míng yí xià yuán yīn ba.
   니 쉬 밍 이 쌰 웬 인 바
   당신께서 원인을 설명하세요.

4. 说明真相。
   Shuō míng zhēn xiàng.
   쉬 밍 전 쌍
   진상을 설명하다.

5. 加以说明。
   Jiā yǐ shuō míng.
   쟈 이 쉬 밍
   설명을 가하다.

李: 请你说明一下情况。
Lǐ : Qǐng nǐ shuō míng yí xià qíng kuàng.
　　 칭 니 쉬 밍 이 쌰 칭 쾅
　　 정황을 설명해 주십시오.

王: 一下说明不了。
Wáng : Yí xià shuō míng bù liǎo.
　　 이 쌰 쉬 밍 뿌 랴오
　　 한번에 설명할 수 없습니다.

李: 简单地说明一下吧。
Lǐ : Jiǎn dān de shuō míng yí xià ba.
　　 젠 단 더 쉬 밍 바
　　 간단히 설명하세요.

王: 一两句话说不明白。
Wáng : Yí liǎng jù huà shuō bù míng bai.
　　 이 리앙 쥐 후아 쉬 뿌 밍 바이
　　 간단하면 알 수 없다.

李: 那就详细说一下。
Lǐ : Nà jiù xiáng xì shuō yí xià.
　　 나 지우 시앙 시 수오 이 시아
　　 그럼 설명을 가하시오.

王: 先从真相开始说起。
Wáng : Xiān cóng zhēn xiàng kāi shǐ shuō qǐ.
　　 셴 총 전 시앙카이스 수어 치
　　 먼저 진상을 설명하겠어요.

설령(설사) ~ 하더라도(할지라도, 일지라도)

即使 ~ 也 ~ 。

jí shǐ ~ yě ~
지 스   예

예문

1. 即使他来，也不会高兴的。
Jí shǐ tā lái yě bú huì gāo xìng de.
지 스 타 라이 예 부 후이 가오 씽 더
설령 그가 왔다하더라도 좋아하지 않을 것이다.

2. 即使下雨也不会太大。
Jí shǐ xià yǔ yě bú huì tài dà.
지 스 쌰 위 예 부후이 타이 따
설사 비가 온다하더라도 그리 많이 오지는 않을 것이다.

3. 即使有空，他也不会来的。
Jí shǐ yǒu kòng tā yě bú huì lái de.
지 스 요우 쿵 타 예 부 후이 라이 더
설령 시간이 있다하더라도 그는 오지 않을 것이다.

4. 即使天塌下来，咱们也不怕。
Jí shǐ tiān tā xià lái zán men yě bú pà.
지 스 텐 타 쌰 라이 잔 먼 예 부 파
설사 하늘이 무너져 버린다하더라도 우리는 두렵지 않다.

5. 即使给金子，他也不会拿的。
Jí shǐ gěi jīn zi tā yě bú huì ná de.
지 스 게이 진즈 타 예 부 후이 나 더
설령 금을 준다하더라도 그는 하지 않을 것이다.

王丽 : 你朋友今天要来。
Wánglì : Nǐ péng you jīn tiān yào lái.
니 펑 요우 진 텐 야오 라이
오늘 너의 친구가 온데.

金哲 : 即使她来也不会高兴的。
Jīnzhé : Jí shǐ tā lái yě bú huì gāo xìng de.
지 스타 라이예 부후이 가오 씽더
설사 그녀가 온다하더라도 기뻐하지는 않을 것이다.

王丽 : 又怎么了?
Wánglì : Yòu zěn me le?
요우 전 머 러
또 왜서?

金哲 : 没什么。
Jīnzhé : Méi shén me.
메이 선 머
아무것도 아니야.

王丽 : 有新朋友了吧?
Wánglì : Yǒu xīn péng you le ba?
요우 신 펑 요우 러 바
새 친구가 있지?

金哲 : 也许。
Jīnzhé : Yě xǔ.
예 쉬
그럴 수 있어.

046 포인트

성이 무엇입니까?

您贵姓?

nín guì xìng
닌 꾸이 씽

예문

1. 我姓金。
Wǒ xìng jīn.
워 씽 진
저는 김씨입니다.

2. 他姓什么?
Tā xìng shén me?
타 씽 선 머
그의 성은 무엇입니까?

3. 他叫什么名字?
Tā jiào shén me míng zi?
타 쨔오 선 머 밍 즈
당신의(너) 이름은 무엇입니까?

4. 他也姓金吗?
Tā yě xìng jīn ma?
타 예 씽 진 마
그이도 김씨입니까?

5. 他不姓金, 姓李。
Tā bú xìng jīn, xìng lǐ.
타 부 씽 진 씽 리
그는 김씨가 아니라 이씨입니다.

114

金哲: 您好! 您贵姓?
Jīnzhé : Nín hǎo! nín guì xìng?
　　　 닌 하오 닌 꾸이 씽
　　　 안녕하십니까! 당신의 성은 무엇입니까?

王丽: 我姓王，您贵姓?
Wánglì : Wǒ xìng wáng, nín guì xìng?
　　　 위 씽 왕 닌 꾸이 씽
　　　 전 왕씨입니다. 당신은요?

金哲: 我姓金。他姓什么?
Jīnzhé : Wǒ xìng jīn, tā xìng shén me?
　　　 위 씽 진 타 씽 선 머
　　　 전 김씨입니다. 그이의 성씨는 무엇입니까?

王丽: 对不起。我不知道。
Wánglì : Duì bu qǐ, wǒ bù zhī dào.
　　　 뚜이 부 치 워 뿌 즈 따오
　　　 죄송합니다. 전 모릅니다.

金哲: 没关系。
Jīnzhé : Méi guān xi.
　　　 메이 꾸안 시
　　　 괜찮습니다.

 포인트

수고하셨습니다
辛苦了
xīn kǔ le
신 쿠 러

1. 一整天辛苦了。
Yì zhěng tiān xīn kǔ le.
이 정 텐 신 쿠 러
온종일 수고하셨습니다.

2. 辛苦了。休息吧!
Xīn kǔ le. xiū xi ba!
신 쿠 러 시우 시 바
수고하셨습니다. 휴식하세요!

3. 他辛苦了一辈子。
Tā xīn kǔ le yí bèi zi.
타 신 쿠 러 이 뻬이 즈
그는 평생 고생만 하였다.

4. 不肯付出辛苦的劳动。
Bù kěn fù chū xīn kǔ de láo dòng.
뿌 컨 푸 추 신 쿠 더 라오 뚱
고된 노동은 하지 않으려 한다.

5. 辛苦众位!
Xīn kǔ zhòng wèi!
신 쿠 쭝 웨이
여러분 수고하십니다!

老李: 老金，辛苦了!
LǎoLǐ :　Lǎo jīn, xīu kǔ le!
　　　　라오 진　신 쿠 러
　　　　김씨, 수고하셨습니다!

老金: 没什么。
LǎoJīn : Méi shén me.
　　　　메이 선 머
　　　　괜찮습니다.

老李: 老金，你辛苦了一辈子。
LǎoLǐ :　Lǎo jīn, nǐ xin kǔ le yí bèi zi.
　　　　라오 진 니 신 쿠 러 이 뻬이즈
　　　　김씨는 평생 고생만 하십니다.

老金: 哪里，你也一样哦!
LǎoJīn : Nǎ li, nǐ yě yí yáng ó!
　　　　나 리 니예이 양 오
　　　　어데요. 당신도 마찬가지에요!

老李: 我们也该休息了。
LǎoLǐ :　Wǒ men yě gāi xiū xi le.
　　　　워　먼 예가이 시우 시 러
　　　　우리도 마땅히 쉬야지요.

老金: 对，应该早休息了。
LǎoJīn : Dui, yīng gāi zǎo xiū xi le.
　　　　뚸이 잉 가이 자오 시우 시 러
　　　　응당 일찍 쉬었어야지요.

포인트

쉽다/용이하다
容易
róng yì
룽 이

예문

1. 这题很容易。
Zhè tí hěn róng yì.
쩌 티 헌 룽 이
이 문제는 매우 쉽다.

2. 说起来容易，做起来难。
Shuō qì lái róng yì, zuò qì lái nán.
쉬 치 라이 룽 이 쭈어 치 라이 란
말은 쉬우나 하기는 어렵다.

3. 他容易生病。
Tā róng yì shēng bìng.
타 룽 이 성 빙
그는 병에 잘 걸린다.

4. 他容易受别人的影响。
Tā róng yì shòu bié rén de yǐng xiǎng.
타 룽 이 쏘우 베 런 더 잉 샹
그는 다른 사람의 영향을 쉽게 받는다.

5. 容易变质。
Róng yì biàn zhì.
룽 이 삐엔 쯔
쉽게 변질하다.

王: 这题难不难?
Wáng : Zhè tí nán bu nán?
쩌 티 난 부 난
이 문제가 어렵니?

金: 很容易。
Jīn : Hěn róng yì.
헌 룽 이
매우 쉽더라.

王: 你能得满分了。
Wáng : Nǐ néng dé mǎn fēn le.
니 넝 더 만프언러
만점 맞을 수 있겠다.

金: 不能那么 说。
Jīn : Bù néng nà me shuō.
뿌 넝 나 머 쉬
그렇게 말할 수 없지.

王: 这次考试难题太多了。
Wáng : Zhè cì kǎo shì nán tí tài duō le.
쩌 츠카오쓰 난 티타이뒤러
이번 시험이 어려운 문제가 너무 많다.

金: 是吗? 我也觉得有点儿难。
Jīn : Shì ma? Wǒ yě jué de yǒu diǎnr nán.
쓰 마 워 예쥐에더요우 뎔 난
그래? 나도 좀 어렵더라.

시간에 댈 수 있다/늦지 않다

来得及

lái de jí

라이 더 지

예문

1. 现在去来得及吗?

Xiàn zài qù lái de jí ma?

쎈 짜이 취 라이 더 지 마

지금가면 늦지 않을까요?

2. 现在来不及了。

Xiàn zài lái bu jí le.

쎈 짜이 라이 부 지 러

지금은 시간이 늦었다.

3. 坐火车已经来不及了。

Zuò huǒ chē yǐ jīng lái bu jí le.

쮜 훠 처 이 징 라이 부 지 러

기차시간은 이미 늦었다. (기차 타는 시간에 댈 수 없다)

4. 看电影来不及了。

Kàn diàn yǐng lái bu jí le.

칸 뗀 잉 라이 부 지 러

영화보기는 시간에 댈 수 없다.

5. 来不及想这个。

Lái bu jí xiǎng zhè ge.

라이 부 지 샹 쩌 거

이것을 생각할 겨를이 없다.

王丽： 金哲，快跑。来不及了！
Wánglì : Jīn zhé, kuài pǎo. lái bu jí le!
진 저 콰이 파오 라이 부 지 러
진저, 빨리 뛰어요. 시간에 댈 수 없어요.

金哲： 你先走吧。
Jīnzhé : Nǐ xiān zǒu ba.
니 셴 조우 바
당신 먼저 가요.

王丽： 跑快点儿还来得及。
Wánglì : Pǎo kuài diǎnr hái lái de jí.
파오 콰이 디알 하이 라이 더 지
빨리 뛰면 시간에 댈 수 있다.

金哲： 我跑不动啦，来不及算了。
Jīnzhé : Wǒ pǎo bù dòng la, lái bu jí suàn le.
워 파오 뿌 똥 라 라이 부 지 쫜 러
시간에 댈 수 없으면 됐다. 난 뛸 수 없다.

王丽： 再坚持一下儿。
Wánglì : Zài jiān chí yì xiàr.
짜이 젠 츠 이 씨아
좀 더 견지하다.

金哲： 实在跑不动啦。
Jīnzhé : Shí zài pǎo bù dòng la.
스 짜이 파오 뿌 똥 라
정말 뛸 수 없다.

시작했다

开始了

kāi shǐ le

카이 스 러

예문

1. 开始写。

Kāi shǐ xiě.

카이 스 셰

쓰기를 시작하다.

2. 开始干活了。

Kāi shǐ gàn huó le.

카이 스 간 훠 러

일하기 시작했다.

3. 开始开会了。

Kāi shǐ kāi huì le.

카이 스 카이 후이 러

회의하기 시작했다.

4. 现在开始也不晚。

Xiàn zài kāi shǐ yě bù wǎn.

쎈 짜이 카이 스 예 뿌 완

지금부터 시작해도 늦지 않는다.

5. 这还只是开始。

Zhè hái zhǐ shì kāi shǐ.

쩌 하이 즈 쓰 카이 스

이것은 아직 시작일 뿐이다.

王丽: 我们开始学习吧。
Wánglì : Wǒ men kāi shǐ xué xí ba.
워 먼 카이 스 쉐 시 바
우리 공부하기 시작하자.

金哲: 先做作业吧。
Jīnzhé : Xiān zuò zuò yè ba.
셴 쭤 쭤 예 바
먼저 숙제를 하자.

王丽: 快开始吧。
Wánglì : Kuài kāi shǐ ba.
콰이 카이 스 바
빨리 시작하자.

金哲: 写完作业还做什么?
Jīnzhé : Xiě wǎn zuò yè hái zuò shén me?
세 완 쭤 예 하이 쭤 선 머
숙제를 다한 다음 또 무엇을 하지?

王丽: 要学的功课多着呢。
Wánglì : Yào xué de gōng kè duō zhe ne.
야오 쉬에 더 꽁 커 뚜어 저 너
할 학과는 많고도 많다네. (훨씬 많다)

金哲: 学无止境 呀!
Jīnzhé : Xué wú zhǐ jing ya!
쉬에 우 즈 징 야
공부가 밑도 끝도 없다!

싫어하다/미워하다
讨厌
tǎo yàn
타오 옌

예문

1. 我最讨厌他。
Wǒ zuì tǎo yàn tā.
워 쭈이 타오 옌 타
그를 제일 싫어한다.

2. 我最讨厌摆架子的人。
Wǒ zuì tǎo yàn bǎi jià zi de rén.
워 쭈이 타오 옌 바이 쨔즈 더 런
나는 틀을 차리는(잘난척) 사람을 제일 싫어한다.

3. 你讨厌我?
Nǐ tǎo yàn wǒ?
니 타오 옌 워
너 날 싫어해(미워하니)?

4. 你为什么讨厌我?
Nǐ wèi shén me tǎo yàn wǒ?
니 웨이 선 머 타오 옌 워
너 무엇 때문에 나를 싫어하니?

5. 你为什么喜欢他讨厌我呢?
Nǐ wèi shén me xǐ huan tā tǎo yàn wǒ ne?
니 웨이 선 머 시 환 타 타오 옌 워 너
너 무엇 때문에 그를 좋아하고 날 미워하니?

王丽: 你讨厌我吗?
Wánglì : Nǐ tǎo yàn wǒ ma?
니 타오 옌 워 마
넌 날 미워하니(싫어하니)?

金哲: 不怎么讨厌, 也不怎么喜欢。
Jīnzhé : Bù zěn me tǎo yàn, yě bù zěn me xǐ huan.
뿌 전 머 타오 옌 예 뿌 전 머 시 환
그렇게 싫어하지도 않고 그렇게 좋아햐지도·않는다.

王丽: 你最喜欢的人是谁?
Wánglì : Nǐ zuì xǐ huan de rén shì shéi?
니 쭈이 시 환 더 런 쓰 세이
제일 좋아하는 사람은 누구냐?

金哲: 没有最喜欢的人和最讨厌的人。
Jīnzhé : Méi yǒu zuì xǐ huan de rén hé zuì tǎo yàn de rén.
메이요우쭈이시환 더 런 허 쭈이타오옌더 런
제일 좋아하는 사람도 제일 미워하는 사람도 없다.

王丽: 我最讨厌没有感情的人。
Wánglì : Wǒ zuì tǎo yàn méi yǒu gǎn qíng de rén.
워 쭈이타오옌메이요우간 칭 더 런
난 감정이 없는 사람을 제일 싫어해.

金哲: 我也讨厌那样的人。
Jīnzhé : Wǒ yě tǎo yàn nà yàng de rén.
워 예타오옌 나 양 더 런
나도 그런 사람을 싫어한다.

아깝다/아쉽다/섭섭하다
舍不得
shě bu de
서 부 더

예문

1. 舍不得给他。
   Shě bu de gěi tā.
   서 부더 게이타
   그에게 주기 아깝다.

2. 舍不得离开。
   Shě bu de lí kāi.
   서 부더리 카이
   떠나기가 섭섭하다. (아쉽다)

3. 舍不得花一分钱。
   Shě bu de huā yì fēn qián.
   서 부더 화 이프언첸
   한푼도 쓰기가 아깝다.

4. 舍不得你们走。
   Shě bu de nǐ men zǒu.
   서 부더니 먼 조우
   너희들을 보내는 것이 서운하다.

5. 舍不得穿。
   Shě bu de chuān.
   서 부 더 촨
   입기가 아깝다.

小李: 小王，怎么了？
XiǎoLǐ :　Xiǎo wáng, zěn me le?
　　　　　샤오　왕　전 머 러
　　　　샤오왕, 왜?

小王: 这个舍不得给他。
XiǎoWáng : Zhè ge shě bu de gěi tā.
　　　　　쩌 거 서 부 더게이타
　　　　이것을 주기가 아깝다.

小李: 这有什么舍不得的。
XiǎoLǐ :　Zhè yǒu shén me shě bu de de.
　　　　　쩌 요우 선 머　서 부 더 더
　　　　이것이 뭐가 아깝니.

小王: 真舍不得给他。
XiǎoWáng : Zhēn shě bu de gěi tā .
　　　　　전　서 부 더게이타
　　　　정말 그에게 주기가 아깝다.

小李: 舍不得，就别给了你穿吧。
XiǎoLǐ :　Shě bu de, jiù bié gěi tā le nǐ chuān ba.
　　　　　서 부 더 지우 삐에 께이 타 러니 추안 빠
　　　　아까우면 그에게 주지 말아라.

小王: 自己也舍不得穿。
Xiǎowáng : Zì jǐ yě shě bu de chuān.
　　　　　쯔지예 서 부 더　찬
　　　　나도 입기가 아깝다.

~아니면 …않는다

不… 不…。

bù… bù…
뿌 뿌

예문

1. 不见不散。
Bú jiàn bú sàn.
부 쩬 부 싼
만나지 않으면 떠나지 않는다.

2. 不打不成。
Bù dǎ bù chéng.
뿌다 뿌 청
치지 않으면 이루어지지 않는다.

3. 不止不行。
Bù zhǐ bù xíng.
뿌 즈 뿌 싱
멈추게 할 것을 그대로 두면 진행할 것이 나아갈 수 없다.

4. 不到黄河不死心。
Bú dào huáng hé bù sǐ xīn.
부 따오- 황 허 뿌스신
막바지까지 가지 않고는 체념이 되지 않는다.

5. 不到西天不见佛。
Bú dào xī tiān bú jiàn fó.
부 따오 시 텐 부 쩬 포
호된 일을 당하지 않으면 도리를 모른다.

李: 约好了，不见不散。
Lǐ : Yuē hǎo le, bú jiàn bú sàn.
웨 하오러 부 쩬 부 싼
약속했다, 만날 때까지 기다려야 한다.

张: 好。不见不散。
Zhāng : Hǎo. bú jiàn bú sàn.
하오 부 쩬 부 싼
좋다. 만날 때까지 떠나지 않는다.

李: 如果双方都有事呢?
Lǐ : Rú guǒ shuāng fāng dōu yǒu shì ne?
루 궈 쐉 프앙도우요우쓰 너
만약 쌍방이 다 일이 있으면?

张: 那事先打电话告诉我。
Zhāng : Nà shì xiān dǎ diàn huà gào su wǒ.
나 쓰 셴다 뗸 화 까오쑤워
그럼 선참으로 전화로 알려줘야지.

李: 好的。
Lǐ : Hǎo de.
하오 더
당연하지.

张: 好。不见不散。
Zhāng : Hǎo. bú jiàn bú sàn.
하오 부 쩬 부 싼
좋아. 만나지 않으면 떠나지 않는다.

아름답다
美丽
měi lì
메이 리

예문

1. 美丽的江山!
   Měi lì de jiāng shān!
   메이 리 더 쟝   산
   아름다운 강산!

2. 山河多么美丽!
   Shān hé duō me měi lì!
   산 허 둬 머 메이 리
   강산이 얼마나 아름다운가!

3. 太美了!
   Tài měi le!
   타이 메이 러
   너무 예쁘다!

4. 风景很美!
   Fēng jǐng hěn měi!
   프엉 징 헌 메이
   풍경이 매우 아름답다!

5. 价廉物美。
   Jià lián wù měi.
   쨔 렌 우 메이
   값은 싸고 물건은 좋다.

王丽: 祖国的山河多么美丽!
Wánglì : Zǔ guó de shān hé duō me měi lì!
주 궈 더 산 허 둬 머 메이리
조국의 강산은 얼마나 아름다운가!

金哲: 是啊。江山真美丽!
Jīnzhé : Shì a, jiāng shān zhēn měi lì!
쓰아 쟝 산 전 메이리
그래. 강산이 정말 아름답다!

王丽: 韩国的风景也很美吧?
Wánglì : Hán guó de fēng jǐng yě hěn měi ba?
한 궈 더프엉 징 예 헌메이바
한국의 풍경도 매우 아름답지요?

金哲: 当然了,到处是美丽的风景。
Jīnzhé : Dāng rán le, dào chù shì měi lì de fēng jǐng.
당 란 러따오 추 쓰메이리더프엉 징
물론이죠. 이르는 곳마다 아름다운 풍경입니다.

王丽: 我想去韩国旅游。
Wánglì : Wǒ xiǎng qù Hán guó lǚ yóu.
워 샹 취 한 궈 뤼요우
난 한국 여행가고 싶습니다.

金哲: 有机会 我们一起去吧。
Jīnzhé : Yǒu jī huì wǒ men yì qǐ qù ba.
요우지후이워 먼 이 치 취바
기회가 있으면 우리 함께 갑시다.

안녕하세요!
你好!
nǐ hǎo
니 하오!

예문

1. 你过得好吗?
Nǐ guò de hǎo ma?
니 꾸어 더 하오 마
어떻게 지내세요?

2. 很好。
Hěn hǎo.
헌 하오
잘 지냅니다.

3. 我也很好。
Wǒ yě hěn hǎo.
워 예 헌 하오
저도 잘 지냅니다.

4. 他们也都好吗?
Tā men yě dōu hǎo ma?
타 먼 예 도우하오 마
그들도 다 잘 지냅니까?

5. 都很好。
Dōu hěn hǎo.
도우 헌 하오
다 잘 있습니다.

王丽: 你好，金哲!
Wánglì : Nǐ hǎo, jīn zhé!
　　　　니하오 진 저
　　　안녕하세요, 김철씨!

金哲: 王丽，你好!
Jīnzhé : Wáng lì, nǐ hǎo!
　　　　왕 리 니하오
　　　왕리양, 안녕하세요!

王丽: 你父母, 都很好吧?
Wánglì : Nǐ fùmǔ, dōu hěn hǎo ba?
　　　　니 푸무 또우 헌 하오 바
　　　당신 부모님께서도 잘 계시죠?

金哲: 他们也都很好。
Jīnzhé :　Tā men yě dōu hěn hǎo.
　　　　타 먼 예또우 헌하오
　　　그들도 다 잘 지냅니다.

　　　你的父母呢?
　　　Nǐ de fùmǔ ne?
　　　니 더 푸무 너
　　　당신 부모님은요?

王丽: 他们也都很好。
Wánglì : Tā men yě dōu hěn hǎo.
　　　　타 먼 예도우 헌 하오
　　　그들도 다 잘 지냅니다.

056 포인트

알리다
告诉
gào su
까오 수

 예문

1. 请告诉他。
   Qǐng gào su tā.
   칭 까오 수 타
   그에게 알려주세요.

2. 请你别告诉他。
   Qǐng nǐ bié gào su tā.
   칭 니 베 까오 수 타
   그에게 알리지 마세요.

3. 不要告诉别人。
   Bú yào gào su bié rén.
   부야오 까오 수 베 런
   다른 사람에게 말하지 마세요.

4. 告诉你一个好消息。
   Gào su nǐ yí gè hǎo xiāo xi.
   까오 수 니 이 거하오 샤오 시
   당신에게 좋은 소식 알려주겠어요.

5. 请告诉他，明天有聚会。
   Qǐng gào su tā, míng tiān yǒu jù huì.
   칭 까오 수 타 밍 텐 요우쮜 후이
   내일 모임이 있다고 그에게 알려주세요.

王丽： 金哲，告诉你一个好消息。
Wánglì : Jīn zhé, gào su nǐ yí gè hǎo xiāo xi.
　　　 진 저 까오 수니이 거하오샤오시
　　　 진저. 너에게 좋은 소식 알려 주겠다.

金哲： 快说吧。是什么？
Jīnzhé : Kuài shuō ba, Shì shén me?
　　　 콰이 수어 빠 스 션 머
　　　 빨리 말해다오.

王丽： 但是，不要告诉别人。
Wánglì : Dàn shì, bú yào gào su bié rén.
　　　 딴 쓰 부야오까오수 베 런
　　　 그러나 다른 사람에게 말해서는 안 돼.

金哲： 你放心好了。
Jīnzhé : Nǐ fàng xīn hǎo le.
　　　 니 프앙 신하오러
　　　 안심하라.

王丽： 我想约会。
Wánglì : Wǒ xiǎng yuē huì.
　　　 워 샹 웨 후이
　　　 만날 약속을 하고 싶은데.

金哲： 这哪是什么秘密。
Jīnzhé : Zhè nǎ shì shén me mì mì.
　　　 쩌 나 스 션 머미미
　　　 이것이 뭐가 비밀이니.

얕다/연하다

浅了
qiǎn le
쳰 러

예문

1. 浅海。
   Qiǎn hǎi.
   쳰 하이
   얕은 바다. (천해)

2. 这条河很浅。
   Zhè tiáo hé hěn qiǎn.
   쩌 탸오 허 헌 쳰
   이 강은 매우 얕다.

3. 水浅小鱼多。
   Shuǐ qiǎn xiǎo yú duō.
   수이 쳰 샤오 위 둬
   물이 얕으면 잔고기가 많다.

4. 我知道的很少。
   Wǒ zhī dào de hěn qiǎn.
   워 즈 따오 더 헌 쳰
   나는 아는 것이 별로 없다.

5. 我喜欢浅灰色。
   Wǒ xǐ huan qiǎn huī sè.
   워 시 환 쳰 후이 써
   나는 연한 회색을 좋아한다.

小李: 这条河深不深?
XiǎoLǐ : Zhè tiáo hé shēn bu shēn?
쩌 탸오 허 선 부 선
이 강이 깊어요?

小王: 不浅。
XiǎoWáng : Bù qiǎn.
뿌 쳰
얕지 않다.

小李: 那游泳就很危险了。
XiǎoLǐ : Nà yóu yǒng jiù hěn wēi xiǎn le.
나 요우 융지우 헌웨이 셴 러
그럼 수영하기 위험하겠다.

小王: 胆小鬼，小鱼喜欢浅水嘛。
XiǎoWáng : Dǎn xiǎo guǐ, xiǎo yú xǐ huan qiǎn shuǐ ma.
단 샤오구이 샤오위 시 환 쳰 수이 마
겁쟁이, 작은 고기는 얕은 물을 좋아한다잖아.

小李: 哦，你是大鱼，喜欢深水。
XiǎoLǐ : Ò nǐ shì dà yú, xǐ huan shēn shuǐ.
오 니 쓰따 위 시 환 선 수이
오, 너는 큰 고기이지, 깊은 물을 좋아하지.

小王: 这都是笑话，不必介意。
XiǎoWáng : Zhè dōu shì xiào huà, bú bì jiè yì.
쩌 도우 쓰샤오 화 부 삐 쩨이
다 우스갯소리니, 개의치 말아.

137

어디에 살고 있습니까?
住在哪儿?
zhù zài nǎr
쭈 짜이 날

예문

1. 我住在留学生宿舍。
Wǒ zhù zài liú xué shēng sù shè.
워 쭈짜이리우쉐 성 쑤 써
유학생 기숙사에 살고 있습니다.

2. 你家在哪儿?
Nǐ jiā zài nǎr?
니 쟈짜이 날
당신의 집은 어디에 있습니까?

3. 在哪儿上学?
Zài nǎr shàng xué?
짜이 날 쌍 쉐
어디에서 학교에 다닙니까?

4. 哪儿也不去。
Nǎr yě bú qù.
날 예 부 취
어디에도 안갑니다.

5. 哪儿的话。
Nǎr de huà.
날 더 화
천만의 말씀입니다.

王丽: 金哲，你住在哪儿?
Wánglì : Jīn zhé nǐ zhù zài nǎr?
진 저 니 쭈 짜이날
진저, 너 어디에서 살고 있니?

金哲: 住在留学生宿舍。你呢?
Jīnzhé : Zhù zài liú xué shēng sù shè, nǐ ne?
쭈 짜이리우쉐 성 쑤 써 니 너
유학생 기숙사에 있다. 너는?

王丽: 我也住在学生宿舍。对了，昨天，你去哪儿了?
Wánglì : Wǒ yě zhù zài xué shēng sù shè. Dù le, zuó tiān nǐ qu nǎr le?
위 예 루자이 궤 상 수 쒜 뛰러 쥐 티엔니 취 날 러
나도 기숙사 살아. 아, 어제 너 어디에 갔어?

金哲: 哪儿也没去。
Jīnzhé : Nǎr yě méi qù.
날 예메이 취
어디에도 가지 않았다.

王丽: 刚才你在哪儿?
Wánglì : Gāng cái nǐ zài nǎr?
깡 차이 니 니짜이 날
아까 너 어디에 있었어?

金哲: 在教室。
Jīnzhé : Zài jiào shì.
짜이 쟈오 스
교실에 있었어.

어째서?/왜?

为什么?
wèi shén me
웨이 션 머

예문

1. 这是为什么?
Zhè shì wèi shén me?
쩌 쓰 웨이 션 머

이것은 무엇 때문인가?

2. 为什么这样?
Wèi shén me zhè yàng?
웨이 션 머 쩌 양

왜 이런가?

3. 为什么故意不理我?
Wèi shén me gù yì bù lǐ wǒ?
웨이 션 머 구이 뿌 리 워

왜(어째서) 일부러 날 상대 안하느냐?

4. 为什么哭?
Wèi shén me kū?
웨이 션 머 쿠

왜 우는거니?

5. 为什么错了?
Wèi shén me cuò le?
웨이 션 머 춰 러

왜 틀렸나?

王丽： 她为什么哭?
Wánglì : Tā wèi shén me kū?
　　　　타웨이 선 머 쿠
　　　　그녀는 무엇 때문에 우느냐?

金哲： 她想妈妈了。
Jīnzhé : Tā xiǎng mā ma le.
　　　　타 샹 마 마러
　　　　그녀는 어머니가 보고 싶어한다.

王丽： 为什么没回家?
Wánglì : Wéi shén me méi huí jiā?
　　　　웨이 선 머 메이후이쟈
　　　　왜 집에 안갔지?

金哲： 忙着学习呢。
Jīnzhé : Máng zhe xué xi ne.
　　　　망 저쉬에시너
　　　　공부에 바빠서.

王丽： 那什么时候回家?
Wánglì : Nà shén me shí hòu huí jiā?
　　　　나 선 머 스 호우후이쟈
　　　　그럼 어느 때 집에 가지?

金哲： 放假以后。
Jīnzhé : Fàng jià yǐ hòu.
　　　　황 지아이허우
　　　　방학하기를 기다린다.

얼마입니까?
多少?
duō shao
뒈 사오

예문

1. 您要多少?
Nín yào duō shao?
닌 야오 뒈 사오
얼마나 필요하십니까?

2. 苹果多少钱一斤?
Píng guǒ duō shao qián yì jīn?
핑 궈 뒈 사오 첸 이 진
사과 한 근에 얼마입니까?

3. 多少吃点吧。
Duō shao chī diǎn ba.
뒈 사오 츠 뎬 바
조금이라도(얼마라도) 드세요.

4. 他讲得多少有点道理。
Tā jiǎng de duō shao yǒu diǎn dào lǐ.
타 쟝 더 뒈 사오 요우 뎬 따오리
그가 말한 것에 다소 일리가 있다.

5. 一共多少?
Yí gòng duō shao?
이 궁 뒈 사오
모두 얼마이냐?

金哲: 苹果多少钱一斤?
Jīnzhé : Píng guǒ duō shao qián yì jīn?
핑 궈 둬 사오 첸 이 진
사과 한 근에 얼마입니까?

售货员: 您要多少?
Shòuhuòyuán : Nín yào duō shao?
닌야오 둬 사오
얼마나 필요하십니까?

金哲: 买两斤。
Jīnzhé : Mǎi liǎng jīn.
마이 량 진
두 근 사겠습니다.

售货员: 一共两块五。
Shòuhuòyuán : Yí gòng liǎng kuài wǔ.
이 궁 량 콰이 우
모두 2.5위안 입니다.

金哲: 太贵了。
Jīnzhé : Tài guì le.
타이꾸이러
너무 비쌉니다.

售货员: 那种便宜。
Shòuhuòyuán : Nà zhǒng pián yi.
나 중 펜 이
저런 것은 쌉니다.

金哲: 不买了。
Jīnzhé : Bù mǎi le.
뿌 마이러
사지 않겠습니다.

143

061 포인트

~에, ~으로
在~。
zài
짜이

예문

1. 在黑板上写字。
Zài hēi bǎn shàng xiě zì.
짜이 헤이반 쌍 세 쯔
칠판에 글을 쓴다.

2. 在北京住。
Zài běi jīng zhù.
짜이베이 징 주
북경에 살고 있다.

3. 下午三点半到。
Xià wǔ sān diǎn bàn dào.
쌰 우 산 덴 빤 따오
오후 세시 반에 도착한다.

4. 出生在一九九0年。
Chū shēng zài yī jiǔ jiǔ líng nián.
추   성 짜이이지우지우링 녠
1990년에 태어났다.

5. 处在紧急状态。
Chǔ zài jǐn jí zhuàng tài.
추 짜이 진지 쫭 타이
긴급한 상태에 처해 있다.

144

李: 老金，在家吗?
Lǐ : Lǎo jīn, zài jiā ma?
라오진짜이쟈마
김씨, 집에 있어요?

张: 不在。
Zhāng : Bú zài .
부짜이
집에 없습니다. (계시지 않습니다)

李: 哪儿去了呢?
Lǐ : Nǎr qù le ne?
날 취러 너
어디 갔을까?

张: 有事吗?
Zhāng : Yǒu shì ma?
요우쓰 마
일이 있습니까?

李: 我下午三点再来。
Lǐ : Wǒ xià wǔ sān diǎn zài lái.
워 쌰 우 산 덴 짜이라이
오후 3시에 또 오겠어요.

张: 好。他回来以后我说一声。
Zhāng : Hǎo, tā huí lái yǐ hòu wǒ shuō yì shēng.
하오.타후에이라이이허우워수어이성
네. 오면 제가 말하지요.

~에게 …을 당하다/~에 의해 …되다

~被~。
~bèi~ 。
뻬이

예문

1. 他被大家批评了一顿。
Tā bèi dà jiā pī píng le yí dùn.
타 뻬이따 쟈피 핑 러 이 뚠
그는 여러사람에게 한바탕 비난을 당했다.

2. 这话被人误解了。
Zhè huà bèi rén wù jiě le.
쩌 화 뻬이 런 우 제러
이 말은 남한테 오해를 받았다.

3. 我的话被他打断了。
Wǒ de huà bèi tā dǎ duàn le.
워 더 화 뻬이타다 똰 러
내 말은 그에 의해 끊기였다.

4. 被歌声所吸引。
Bèi gē shēng suǒ xī yǐn.
뻬이거 성 숴 시 인
노래소리에 끌리였다.

5. 被打了。 (동사인 경우)
Bèi dǎ le.
뻬이다 러
맞았다.

王丽 : 他为什么 哭?
Wánglì : Tā wèi shén me kū?
타 웨이 선 머 쿠
그는 왜 우니?

金哲 : 他被老师批评了一顿。
Jīnzhé : Tā bèi lǎo shī pī píng le yí dùn.
타 뻬이라오스피 핑 러 이 뚠
그는 선생에게 한바탕 비난을 당했다.

王丽 : 可能被老师误解了。
Wánglì : Kě néng bèi lǎo shī wù jiě le.
커 넝 뻬이라오스우 제 러
아마 선생님한테 오해를 받은 것 같아.

金哲 : 我也那样想。
Jīnzhé : Wǒ yě nà yàng xiǎng.
워 예 나 양 샹
나도 그렇게 생각한다.

王丽 : 那我去解释解释。
Wánglì : Nà wǒ qù jiě shì jiě shì.
나 워 취 제 쓰 제 쓰
그럼 내가 해명해 주겠다.

金哲 : 不用你去，还是我去好。
Jīnzhé : Bú yòng nǐ qù, hái shi wǒ qù hǎo.
부 융 니 취 하이쓰 워 취 하오
너가 갈 필요없다. 그래도 내가 가는 것이 낫다.

~에 관계없이/~을 막론하고

不管 ~ 也(都)

bù guǎn ~ yě(dōu)
뿌 관 예(도우)

예문

1. 不管付出什么代价，也要取得胜利。
Bù guǎn fù chū shén me dài jià, yě yào qǔ dé shèng lì.
뿌 관 푸 추 선 머 따이쨔 예야오취 더 셩 리
어떤 대가를 치르더라도 승리를 거둬야 한다.

2. 不管做什么工作，他都非常认真。
Bù guǎn zuò shén me gōng zuò, tā dōu fēi cháng rèn zhēn.
뿌 관 쭤 선 머 궁 쭤 타도우페 창 런 전
그는 어떤 일을 하든지 매우 열심이다.

3. 不管大事小事，都要重视。
Bù guǎn dà shì xiǎo shì, dōu yào zhòng shì.
뿌 관 따 쓰 샤오 쓰 도우 야오 쭝 쓰
큰 일이든 작은 일이든 모두 중시해야한다.

4. 不管你在哪里，都能随时上网。
Bù guǎn nǐ zài nǎ li, dōu néng suí shí shàng wǎng.
뿌 관 니짜이나리 도우 넝 수이스 쌍 왕
네가 어디 있든지 언제나 인터넷에 접속할 수 있다.

5. 不管冬天还是夏天，他都坚持锻炼身体。
Bù guǎn dōng tiān hái shi xià tiān, tā dōu jiān chí duàn liàn shēn tǐ.
뿌 관 둥 텐 하이쓰 쌰 텐 타도우젠 츠 똰 렌 선 티
겨울 여름 상관없이 그는 신체단련을 견지한다.

王丽: 下定决心学汉语了吗?
Wánglì : Xià dìng jué xīn xué Hàn yǔ le ma?
　시아 띵 쥐에 신 쉬에 한 위 러 마
중국어를 배우는데 결심이 있어요?

金哲: 不管怎样, 也要学。
Jīnzhé : Bù guǎn zěn yàng, yě yào xué.
　뿌 관 전 양 예야오 쉐
어떠함을 막론하고 배우겠다.

王丽: 真的吗?
Wánglì : Zhēn de ma?
　전 더 마
정말이냐?

金哲: 男儿一言重千金嘛。
Jīnzhé : Nán ér yì yán zhòng qiān jīn ma.
　난 얼 이옌　쭝　첸 진 마
남자의 일언은 중천금이잖아.

王丽: 是吗?
Wánglì : Shì ma?
　쓰 마
그래?

金哲: 不管怎么样, 都要认认真真地学。
Jīnzhé : Bù guǎn zěn me, yàng dōu yào rèn ren zhēn zhēn de xué.
　뿌 관 전 머, 양 도우야오런 런 전 전 더 쉐
어떠함을 막론하고 착실하게 배우겠다.

149

여기다/생각하다/인정하다
认为
rèn wéi
런 웨이

예문

1. 我认为他没有错。
   Wǒ rèn wéi tā méi yǒu cuò.
   워 런 웨이 타메이요우 취
   나는 그가 틀리지 않았다고 여긴다.

2. 很多人认为有根据。
   Hěn duō rén rèn wéi yǒu gēn jù.
   헌 둬 런 런 웨이요우 건 쮜
   많은 사람들이 근거가 있다고 인정한다.

3. 我认为他是好人。
   Wǒ rèn wéi tā shì hǎo rén.
   워 런 웨이 타 쓰 하오 런
   나는 그가 좋은 사람이라고 여긴다.

4. 你认为对不对?
   Nǐ rèn wéi duì bu duì?
   니 런 웨이 뚜이부 뚜이
   당신은 맞다고 인정합니까?

5. 我认为错。
   Wǒ rèn wéi cuò.
   워 런 웨이 취
   전 틀리다고 인정한다.

老金: 他的话有根据吗?
LǎoJīn : Tā de huà yǒu gēn jù ma?
타 더 화 요우 건 쥐 마
그의 말이 근거가 있습니까?

老李: 我认为没有根据。
LǎoLǐ : Wǒ rèn wéi méi yǒu gēn jù.
위 런 웨이메이요우건 쥐
저는 근거가 없다고 여깁니다.

老金: 那么 他的话有错?
LǎoJīn : Nà me tā de huà yǒu cuò?
나 머 타 더 화요우 춰
그럼 그의 말이 착오가 있단 말입니까?

老李: 我认为是错的。
LǎoLǐ : Wǒ rèn wéi shì cuò de.
위 런 웨이스 춰 더
전 틀리다고 인정합니다.

老金: 很多人认为他是好人。
LǎoJīn : Hěn duō rén rèn wéi tā shì hǎo rén.
헌 둬 런 런웨이타 쓰하오 런
많은 사람들이 그는 좋은 사람이라고 합니다.

老李: 好人不等于什么 都对。
LǎoLǐ : Hǎo rén bù děng yú shén me dōu duì.
하오 런 뿌 덩 위 선 머 도우뚜이
좋은 사람이면 무엇이나 다 옳다는 것은 아니지요.

예쁘다/훌륭하다/뛰어나다
漂亮
piào liang
퍄오 량

예문

1. 长得漂亮。
Zhǎng de piào liang.
장 더퍄오 량
예쁘게 생겼다.

2. 漂亮的话。
Piào liang de huà.
퍄오 량 더 화
겉 발린 말. (허울 좋은 말)

3. 漂亮的手。
Piào liang de shǒu.
퍄오 량 더 소우
손재간이 있는 사람.

4. 事情办得漂亮。
Shì qing bàn de piào liang.
쓰 칭 빤더 퍄오 량
일을 훌륭히 처리했다.

5. 漂漂亮亮。
Piào piao liàng liàng.
퍄오 퍄오 량 량
예쁘고 멋지다.

王丽: 她长得怎么样?

Wánglì : Tā zhǎng de zěn me yàng?

타 장 더 전 머 양

그녀의 생김새가 어떠해?

金哲: 长得很漂亮。

Jīnzhé : Zhǎng de hěn piào liang.

장 더 헌 퍄오 량

무척 예쁘게 생겼다.

王丽: 比我漂亮吧?

Wánglì : Bǐ wǒ piào liang ba?

비 워 퍄오 량 바

나보다 예쁘지.

金哲: 你比她更漂亮。

Jīnzhé : Nǐ bǐ tā gèng piào liang.

니 비타 껑 퍄오 량

넌 그녀보다 더 예쁘다.

王丽: 你真会 说话啊。

Wánglì : Nǐ zhēn huì shuō huà a.

니 전후에이 수어 후아 아

달콤한 말을 할 줄 알아.

金哲: 不要讽刺好不好?

Jīnzhé : Bú yào fěng cì hǎo bu hǎo?

부야오 프엉츠하오부하오

풍자하지 않는 것이 어때?

 **포인트**

예측하다
预测
yù cè
위 처

예문

1. 他的预测很准确。
   Tā de yù cè hěn zhǔn què.
   타 더 위 처 헌 준 췌
   그의 예측이 아주 정확하다.

2. 预测不了。
   Yù cè bù liǎo.
   위 처 뿌 랴오
   예측할 수 없다.

3. 很难预测。
   Hěn nán yù cè.
   헌 난 위 처
   예측하기 어렵다.

4. 预测天气。
   Yù cè tiān qì.
   위 처 톈 치
   날씨를 예측하다.

5. 如何预测?
   Rú hé yù cè?
   루 허 위 처
   어떻게 예측할까?

金哲： 你能预测明天的天气吗?
Jīnzhé : Nǐ néng yù cè míng tiān de tiān qì ma?
니 넝 위 처 밍 티엔더티엔 치마
내일 날씨를 예측했니?

王丽： 我怎么 能预测呢?
Wánglì : Wǒ zěn me néng yù cè ne?
워 전 머 넝 위 처 너
내가 예측할 수 있니?

金哲： 听说你预测得很准。
Jīnzhé : Tīng shuō nǐ yù cè de hěn zhǔn .
팅 쉬 니위처더 헌 준
듣건데 너의 예측이 아주 정확하다던데.

王丽： 别逗了。
Wánglì : Bié dòu le.
베 또우 러
웃기지 말어.

金哲： 你怎样预测呢?
Jīnzhé : Nǐ zěn yàng yù cè ne?
니 쩐 양 위 처 너
어떻게 예측할까?

王丽： 还是听听天气预报吧。
Wánglì : Hái shi tīng ting tiān qì yù bào ba.
하이쓰 팅 팅 텐 치위빠오바
그래도 천기예보를 들어보자.

155

 포인트

> **오랜만입니다**
> # 好久不见了
> hǎo jiǔ bú jiàn le
> 하오지우부 쩬 러

예문

1. 金哲，好久不见了。
Jīn zhé, hǎo jiǔ bú jiàn le.
진 저 하오지우부 쩬 러
진저, 오랜만이다.

2. 等了好久了。
Děng le hǎo jiǔ le.
덩 러 하오 지우 러
오랫동안 기다렸다.

3. 好久没见。
Hǎo jiǔ méi jiàn.
하오지우메이쩬
오랫동안 보지 못했다. (오래간만이다)

4. 好久没去。
Hǎo jiǔ méi qù.
하오지우메이취
오랫동안 가지 못했다.

5. 好久才看见。
Hǎo jiǔ cái kàn jiàn.
하오지우차이칸 쩬
오랜만에야 볼 수 있었다.

李: 哦，不是老张吗? 好久不见了。
Lǐ : Ō, bú shì lǎo zhāng ma? hǎo jiǔ bú jiàn le.
오 부 쓰라오 장 마 하오지우부쩬 러
오, 장씨 아니예요? 오랜만입니다.

张: 哦，是老李，你好!
Zhāng : Ō, shì lǎo lǐ, nǐ hǎo!
오 쓰라오리니하오
오, 이씨네요. 안녕하셨어요!

李: 你没回老家吗。
Lǐ : Nǐ méi huí láo jiā ma.
니메이훼이 라오지아마
고향에 가보지 못했어요?

张: 好久没回去了。
Zhāng : Hǎo jiǔ méi huí qù le.
하오지우메이훼이취러
오랫동안 가지 못했어요.

李: 我也一直没回去。
Lǐ : Wǒ yě yì zhí méi huí qù.
워 예이 즈 메이훼이취
나도 줄곧 갈 수 없었어요.

张: 我们明年一定去吧。
Zhāng : Wǒ men míng nián yí dìng qù ba.
워 먼 밍 녠 이 띵 취 바
우리 명년에 꼭 갑시다.

우리의 우정을 위하여…

为我们的友谊…
wèi wǒ men de yǒu yì
웨이 위 먼 더 요우 이

예문

1. 为我们的友谊干杯!
   Wèi wǒ men de yǒu yì gān bēi!
   웨이 위 먼 더 요우 이 간 베이
   우리의 우정을 위하여 건배합시다!

2. 为人民服务。
   Wèi rén mín fú wù.
   웨이 런 민 푸 우
   인민에게 봉사하다.

3. 为祖国而战。
   Wèi zǔ guó ěr zhàn.
   웨이 주 궈 얼 짠
   조국을 위해 싸우다.

4. 为这件事高兴。
   Wèi zhè jiàn shì gāo xìng.
   웨이 쩌 쩬 쓰 가오 씽
   이 일로 기뻐하다.

5. 不足为外人道。
   Bù zú wéi wài rén dào.
   뿌 주 웨이 와이 런 따오
   남에게 말할 정도가 되지 않는다.

王丽: 来，为我们的友谊干杯!
Wánglì : Lái, wèi wǒ men de yǒu yì gān bēi!
　　　라이웨이워 먼 더 요우이 간 베이
　　　　　자, 우리의 우정을 위해 건배합시다!

金哲: 好。大家干杯!
Jīnzhé : Hǎo, dà jiā gān bēi!
　　　하오 따쟈 간 베이
　　　　　좋다. 다 건배합시다!

王丽: 这杯酒为谁呢?
Wánglì : Zhè bēi jiǔ wèi shéi ne?
　　　찌 베이지유웨이세이너
　　　　　이 술잔은 누구를 위해?

金哲: 还是为大家干杯吧。
Jīnzhé : Hái shi wèi dà jiā gān bēi ba.
　　　하이쓰웨이따 쟈 간베이바
　　　　　역시 여러분을 위해 건배합시다.

王丽: 不，为金哲干杯!
Wánglì : Bù, wèi Jīn Zhé gān bēi!
　　　뿌 웨이진 저 간 베이
　　　　　아니, 진저를 위해 건배하자!

金哲: 太可笑了。
Jīnzhé : Tài kě xiào le.
　　　타이 커 샤오러
　　　　　너무 가소롭다.

유감입니다

遗憾

yí hàn

이 한

1. 真遗憾。

Zhēn yí hàn.

전 이 한

정말 유감입니다.

2. 觉得很遗憾。

Jué de hěn yí hàn.

쥐 더 헌 이 한

매우 유감스럽게 생각됩니다.

3. 对此表示遗憾。

Duì cǐ biǎo shì yí hàn.

뚜이츠 뱌오 스 이 한

이에 대해 유감을 나타냅니다.

4. 一点儿不感到遗憾。

Yì diǎnr bù gǎn dào yí hàn.

이 델 뿌 간 따오 이 한

조금도 유감으로 여기지 않다.

5. 没有遗憾。

Méi yǒu yí hàn.

메이요우 이 한

유감 없습니다.

李: 我觉得很遗憾。
Lǐ : Wǒ jué de hěn yí hàn.
　　워 쥐 더 헌 이 한
　　전 매우 유감스럽게 생각합니다.

王: 为什么?
Wáng : Wèi shén me?
　　　웨이 선 머
　　　무엇 때문에요?

李: 在长城一张照片也没照。
Lǐ : Zài cháng chéng yì zhāng zhào piàn yě méi zhào .
　　짜이 창 청 이 장 짜오 펜 예 메이짜오
　　　장성에서 한 장 사진도 찍지 못했습니다.

王: 哎呀, 太可惜了。
Wáng : Āi yā, tài kě xī le.
　　　아이야타이커시러
　　　아이오, 너무 아쉽군요.

李: 带照相机的老金没来。
Lǐ : Dài zhào xiàng jī de lǎo jīn méi lái.
　　따이짜오 쌍 지 더라오진메이라이
　　　카메라를 가진 김씨가 오지 않았어요.

王: 真糟糕。
Wáng : Zhēn zāo gāo.
　　　전 자오가오
　　　이뿔싸. (맙소사)

~을/~를(목적어를 앞으로 끌어냄)

把~。

bǎ~
바

예문

1. 把书打开。
Bǎ shū dǎ kāi.
바 수 다 카이
책을 펼치세요.

2. 把他叫进来。
Bǎ tā jiào jìn lái.
바 타 쨔오 찐 라이
그를 들어오라고 하시오.

3. 把书借给他。
Bǎ shū jiè gěi tā.
바 수 쩨 게이 타
책을 그에게 빌려 주어라.

4. 把房间收拾一下。
Bǎ fáng jiān shōu shi yí xià.
바 프앙 젠 소우 스이 쌰
방을 정리 좀 하시오.

5. 不把你看作外人。
Bù bǎ nǐ kàn zuò wài rén.
뿌 바 니 칸 쮀 와이 런
너를 남으로 간주하지 않는다.

李: 你把他叫来。
Lǐ : Nǐ bǎ tā jiào lái.
니 바 타쨔오라이
너가 그를 오라고 하거라.

王: 他不在。
Wáng : Tā bú zài.
타 부 짜이
그가 없다.

李: 你把这书送给他。
Lǐ : Nǐ bǎ zhè shū sòng gěi tā.
니 바 쩌 수 쑹게이타
이 책을 그에게 보내주거라.

王: 如果他不在呢?
Wáng : Rú guǒ tā bú zài ne?
루 궈 타 부짜이너
만약 그가 없으면?

李: 那么把书拿到这儿来。
Lǐ : Nà me bǎ shū ná dào zhèr lái.
나 머 바 수 나따오 쩔라이
그럼 책을 여기로 가져오나.

王: 好吧。
Wáng : Hǎo ba.
하오 바
그럼 좋다.

이겼다(얻다)
赢了
yíng le
잉 러

예문

1. 谁赢了?
Shéi yíng le?
세이 잉 러
누가 이겼니?

2. 谁赢谁输很难预测。
Shéi yíng shéi shū hěn nán yù cè.
세이 잉 수 헌 난 위 처
누가 이기고 지는 것은 예측하기 어렵다.

3. 肯定我们赢。
Kěn dìng wǒ men yíng.
컨 띵 워 먼 잉
우리가 이김을 긍정한다.

4. 他们肯定输。
Tā men kěn dìng shū.
타 먼 컨 띵 수
그들은 진다는 것을 긍정한다.

5. 赢得了信赖。
Yíng dé le xìn lài.
잉 더 러 씬 라이
신뢰를 얻다.

王: 你来预测，谁能赢?
Wáng : Nǐ lái yù cè, shéi néng yíng?
　　니라이위처세이 넝　잉
　　누가 이길 것 같아, 예측해봐?

李: 很难预测。
Lǐ : Hěn nán yù cè.
　　헌　난위처
　　예측하기 어렵다.

王: 我看他们赢不了。
Wáng : Wǒ kàn tā men yíng bù liǎo.
　　워 칸 타 먼　잉 뿌 랴오
　　보자하니 그들이 이길 것 같지 않아.

李: 我也那么看。
Lǐ : Wǒ yě nà me kàn.
　　워 예 나 머 칸
　　나도 그렇게 본다.

王: 我认为他们肯定输。
Wáng : Wǒ rèn wéi tā men kěn dìng shū.
　　워 런 웨이타 먼　컨 띵 수
　　나는 그들이 꼭 지리라고 여긴다.

李: 谁赢谁输还是看结果吧!
Lǐ : Shéi yíng shéi shū hái shi kàn jié guǒ ba!
세이 잉 세이 수하이쓰 칸 제 궈 빠
　　누가 지고 이기는 것은 역시 결과를 봐야 한다.

072 포인트

> 이미 이렇게 된 바에야
>
> # 既然 ~ 也(就，还)
>
> jì rán ~ yě(jiù, hái)
> 찌 란 ~ 예(찌우, 하이)

예문

1. 既然你一定要去，我也不反对。
Jì rán nǐ yí dìng yào qù, wǒ yě bù fǎn duì.
찌란 니 이 띵 야오 취 워 예 뿌프안뚜이
너가 꼭 가겠다고 한 이상 나도 반대는 안겠다.

2. 既然如此，别无办法。
Jì rán rú cǐ, bié wú bàn fǎ.
찌란 루츠 베 우 빤프아
이렇게 된 이상 달리 방법이 없다.

3. 事情既然已经这样了，后悔有什么用呢?
Shì qing jì rán yǐ jīng zhè yàng le, hòu huǐ yǒu shén me yòng ne?
쓰 칭 찌란 이 징 쩌 양 러 호우후이요우 선 머 융 너
일이 이미 이렇게 됐는데 후회한들 무슨 소용이 있겠냐?

4. 这样做既然不行，那怎么办呢?
Zhè yàng zuò jì rán bù xíng, nà zěn me bàn ne?
쩌 양 쭤 찌란 뿌 싱 나 전 머 빤너
이렇게 해서 안된다면 어떻게 하겠는가?

5. 既然知道做错了，就赶快纠正。
Jì rán zhī dào zuò cuò le, jiù gǎn kuài jiū zhèng.
찌란 즈따오 쭤 춰 러 찌우간 콰이지우 쩡
이미 잘못된 것을 안 이상 빨리 바로잡아라.

166

王丽: 不上课，你去哪儿?
Wánglì : Bú shàng kè, nǐ qù nǎr?
부 쌍 커 니 취 날
수업은 하지 않고 어디가냐?

金哲: 我要回家。
Jīnzhé : Wǒ yào huí jiā.
워야오후이쟈
집에 가고 싶어.

王丽: 想家就回家吗?
Wánglì : Xiǎng jiā jiù huí jiā ma?
샹 쟈찌우후이쨔마
집생각이 나면 가는거니?

金哲: 一定要回。
Jīnzhé : Yí dìng yào huí.
이 띵 야오훼이
꼭 가겠다.

王丽: 既然你一定要回，我也不反对。
Wánglì : Jì rán nǐ yí dìng yào huí, wǒ yě bù fǎn duì.
찌 란 니 이 띵야오훼이 워 예 뿌프안뚜이
너가 꼭 가겠다고 한 이상 나도 반대하지는 않겠다.

金哲: 谢谢你既然知道错了，也没办法。
Jīnzhé : Xiè xie nì jì rán zhī dào cuò le, yě méi bàn fǎ.
시에시에니찌 란즈따오 춰 러 예메이 빤프아
이미 잘못된 것을 알아도 달리할 수는 없다.

~이 아니면 ~이다
不是 ~ 就是 ~。
bú shì ~ jiù shì ~
부 쓰 ~ 찌우 쓰

예문

1. 不是这个就是那个。
Bú shì zhè ge jiù shì nà ge.
부 쓰 쩌 거 찌우 쓰 나 거
이것이 아니면 저것이다.

2. 他不是中国人，就是韩国人。
Tā bú shì Zhōng guó rén, jiù shì Hán guó rén.
타 부 쓰 중 궈 런 찌우 쓰 한 궈 런
그는 중국사람이 아니면 한국사람이다.

3. 不是刮风就是下雨。
Bú shì guā fēng jiù shì xià yǔ.
부 쓰 과 프엉 찌우 쓰 쌰 위
바람이 불지 않으면 비가 온다.

4. 不是他就是你。
Bú shì tā jiù shì nǐ.
부 쓰 타 찌우 쓰 니
그가 아니면 너다.

5. 不是真就是假。
Bú shì zhēn jiù shì jiǎ.
부 쓰 전 찌우 쓰 쟈
진짜가 아니면 가짜이다.

李: 是不是真的?
Lǐ: Shì bu shì zhēn de?
쓰 부 쓰 전 더
진짜인가?

张: 不是真就是假。
Zhāng: Bú shì zhēn jiù shì jiǎ.
부 쓰 전 찌우쓰 쟈
진짜가 아니면 가짜이다.

李: 真可笑。
Lǐ: Zhēn kě xiào.
전 커 쌰오
진짜 웃긴다.

张: 难道我说错啦?
Zhāng: Nán dào wǒ shuō cuò la?
난 따오 워 쉬 춰 라
내 말이 틀렸단 말인가?

李: 谁不会说那样?
Lǐ: Shéi bú huì shuō nà yàng?
세이부후이 쉬 나 양
누가 그렇게 말할 줄 모르겠는가?

张: 不是真话就是假话。
Zhāng: Bú shì zhēn huà jiù shì jiǎ huà.
부 쓰 전 화 찌우쓰쟈 화
진담이 아니면 거짓말이다.

일반이다/보통이다/같다

一般

yì bān
이 반

예문

1. 一般来说。
   Yì bān lái shuō.
   이 반 라이 쉬
   일반적으로 말해서.

2. 一般化。
   Yì bān huà.
   이 반 화
   일반화하다.

3. 他个子跟我一般高。
   Tā gè zi gēn wǒ yì bān gāo.
   타 꺼즈 건 워 이 반 가오
   그 키는 나와 비슷하다.

4. 一般规律。
   Yì bān guī lǜ.
   이 반 구이 뤼
   일반(보통) 규율.

5. 力气如虎一般。
   Lì qi rú hǔ yì bān.
   리 치 루 후 이 반
   힘이 호랑이 같다.

老李: 他有点儿特殊。
LǎoLǐ : Tā yǒu diǎnr tè shū.
타 요우 델 터 수
그는 좀 특수하다.

老王: 你看错了。
Lǎowáng Nǐ kàn cuò le.
니 칸 춰 러
잘못 봤어요.

老李: 是吗?
LǎoLǐ : Shì ma?
쓰 마
그래요?

老王: 他很一般。
Lǎowáng : Tā hěn yì bān.
타 헌 이 반
일반이에요.

老李: 可是力气不小。
LǎoLǐ : Kě shì lì qi bù xiǎo.
커 쓰 리치 부샤오
그러나 힘은 약하지 않아요.

老王: 是。他的力气如虎一般。
Lǎowáng : Shì, tā de lì qi rú hǔ yì bān.
쓰 타더리 치루후이 반
네. 그의 힘은 호랑이 같아요.

일부러/고의로
故意
gù yì
꾸 이

예문

1. 他故意不听。
Tā gù yì bù tīng.
타 꾸이 뿌 팅
그는 일부러 듣지 않는다.

2. 他故意装不懂。
Tā gù yì zhuāng bù dǒng.
타 꾸이 쫭 뿌 둥
그는 일보러 모른체 한다.

3. 他故意刁难。
Tā gù yì diāo nàn.
타 꾸이 댜오 난
그는 일부러 난처하게 굴다.

4. 他不是故意的。
Tā bú shì gù yì de.
타 부 쓰 꾸이 더
그는 고의로 그런 것이 아니다.

5. 他故意打坏的。
Tā gù yì dǎ huài de.
타 꾸이 다 화이 더
그는 고의로 때려 부수다.

李: 他故意装不懂。

Lǐ : Tā gù yì zhuāng bù dǒng.

타 꾸이 쫭 뿌 둥

그는 일부러 모르는 체 한다.

王: 他不是故意的，他真不懂。

Wáng : Tā bú shì gù yì de, tā zhēn bù dǒng.

타 부 쓰 꾸이 더 타 전 부 둥

그는 일부러 그런 것이 아니라 정말 모릅니다.

李: 他故意没听吧?

Lǐ : Tā gù yì méi tīng ba?

타 꾸이메이 팅 빠

그럼 일부러 듣지 않았다.

王: 他就是那样的人。

Wáng : Tā jiù shi nà yàng de rén.

타 찌우스나 양 더 런

그는 바로 그런 사람이예요.

李: 也许故意刁难。

Lǐ : Yě xǔ gù yì diāo nàn.

예 쉬 꾸이 땨오 난

아니면 일부러 난처하게 한거다.

王: 不是吧。

Wáng : Bú shì ba.

부 쓰 빠

그는 그런 사람이 아닙니다.

일이 바쁘십니까?

你工作忙吗?
nǐ gōng zuò máng ma
니 궁 쭤 망 마

예문

1. 您工作忙吗?
Nín gōng zuò máng ma?
닌 궁 쭤 망 마
일이 바쁘십니까?

2. 工作很忙。
Gōng zuò hěn máng.
궁 쭤 헌 망
일이 매우 바쁩니다.

3. 工作不忙。
Gōng zuò bù máng.
궁 쭤 뿌 망
일이 바쁘지 않습니다.

4. 工作不太忙。
Gōng zuò bú tài máng.
궁 쭤 부타이 망
일이 그다지 바쁘지 않습니다.

5. 工作忙不忙?
Gōng zuò máng bu máng?
궁 쭤 망 부 망
일이 바쁘십니까? (바쁩니까 안바쁩니까?)

小李: 你好?
XiǎoLǐ : Nǐ hǎo?
　　　　니 하오
　　　　잘 있니?

小张: 你好，小李! 工作忙吗?
XiǎoZhāng : Nǐ hǎo, xiǎo lǐ! gōng zuò máng ma?
　　　　　　니 하오 샤오리 궁 쭤 망 마
　　　　잘 있니, 이군! 일이 바쁘니?

小李: 很忙。你呢?
XiǎoLǐ : Hěn máng, nǐ ne?
　　　　헌 망 니 너
　　　　매우 바빠. 너는?

小张: 不太忙。
XiǎoZhāng : Bú tài máng.
　　　　　　부 타이 망
　　　　그리 바쁘지 않아.

小李: 那多好啊!
XiǎoLǐ : Nà duō hǎo a!
　　　　나 둬 하오 아
　　　　그러면 얼마나 좋겠나!

자랑으로 여기다/스스로 긍지를 느끼다

自豪

zì háo
쯔 하오

예문

1. 感到自豪。
   Gǎn dào zì háo.
   간 따오 쯔 하오
   자호감을 가지다. (긍지를 느끼다)

2. 以此为自豪。
   Yǐ cǐ wéi zì háo.
   이 츠 웨이 쯔 하오
   이것으로 긍지를 느끼다.

3. 我很自豪。
   Wǒ hěn zì háo.
   워 헌 쯔 하오
   나는 무척 자랑으로 여기다.

4. 一点儿也没有自豪感。
   Yì diǎnr yě méi yǒu zì háo gǎn.
   이 델 예 메이요우 쯔 하오 간
   긍지가 조금도 없다.

5. 有了他我很自豪。
   Yǒu le tā wǒ hěn zì háo.
   요우 러 타 워 헌 쯔 하오
   나는 그가 있음으로하여 긍지를 느끼다.

李： 以此为自豪吗?
Lǐ ： Yǐ cǐ wéi zì háo ma?
　　이 츠 웨이쯔하오마
　　이것으로 긍지를 느끼는가?

金： 是的。很自豪。你呢?
Jīn ： Shì de, hěn zì háo, nǐ ne?
　　쓰 더　헌 쯔하오니너
　　그래(네). 자랑으로 여긴다. 너는?

李： 我一点儿也没有自豪感。
Lǐ ： Wǒ yì diǎnr yě méi yǒu zì háo gǎn.
　　워 이　델 예메이요우쯔하오 간
　　나는 조그만치도 긍지가 없다.

金： 为什么呢?
Jīn ： Wèi shén me ne?
　　웨이 선 머 너
　　왜서?

李： 我也不知道。
Lǐ ： Wǒ yě bù zhī dào.
　　워 예 뿌 즈 따오
　　나도 모르겠다.

金： 都是我们的事嘛。
Jīn ： Dōu shì wǒ men de shì ma.
　　도우 쓰 워　먼 더 쓰 마
　　다 우리 일이 아닌가.

점점 좋아지다
越来越好
yuè lái yuè hǎo
웨 라이 웨 하오

예문

1. **越来越起劲。**
   Yuè lái yuè qǐ jìn.
   웨 라이 웨 치 찐
   점점 기운이 솟다.

2. **越来越容易。**
   Yuè lái yuè róng yì.
   웨 라이 웨 룽 이
   점점 쉽다.

3. **越来越难。**
   Yuè lái yuè nán.
   웨 라이 웨 난
   점점 어렵다.

4. **越来越近了。**
   Yuè lái yuè jìn le.
   웨 라이 웨 찐 러
   점점 다가온다.

5. **越来越不像话。**
   Yuè lái yuè bú xiàng huà.
   웨 라이 웨 뿌 쌍 화
   점점 말이 아니다.

王丽 : 现在汉语学得怎么样?
Wánglì : Xiàn zài Hàn yǔ xué de zěn me yàng?
쎈 짜이 한 위쉬에더 전 머 양
지금 중국어 배우기가 어떠해요?

金哲 : 我觉得越来越难。
Jīnzhé : Wǒ jué de yuè lái yuè nán.
워 쥐에더 웨라이웨 난
점점 어려워요.

王丽 : 怎么办呢?
Wánglì : Zěn me bàn ne?
전 머 빤 너
어떻게 할까요?

金哲 : 有什么办法,只能努力啊。
Jīnzhé : Yǒu shén me bàn fǎ, zhǐ néng nǔ lì a.
요우 선 머 빤프아즈 넝 누리아
무슨 방법이 있어요, 오직 노력할 수 밖에.

王丽 : 那是当然了。
Wánglì : Nà shì dāng rán le.
나 쓰 당 란러
그야 당연하지요.

金哲 : 为我加油吧!
Jīnzhé : Wéi wǒ jiā yóu ba!
웨이 워 지오여우빠
각고하여 공부해야죠.

젊다
年轻
nián qīng
녠 칭

예문

1. 年轻人。
Nián qīng rén.
녠 칭 런
젊은 사람.

2. 年轻的一代。
Nián qīng de yí dài.
녠 칭 더 이 따이
젊은 세대.

3. 他还年轻。
Tā hái nián qīng.
타 하이 녠 칭
그는 아직 젊다.

4. 看起来很年轻一点儿不老。
Kàn qǐ lái hěn nián qīng yì diǎnr bù lǎo.
녠 칭 이 델 뿌라오
젊어보여 조금도 늙지 않은 것 같다.

5. 老人比不了年轻人。
Lǎo rén bǐ bù liǎo nián qīng rén.
라오 런 비 뿌라오 녠 칭 런
늙은이는 젊은이와 비교할 수 없다.

李 : 我已经老了，不行了。
Lǐ : Wǒ yǐ jīng lǎo le, bù xíng le.
워 이 징 라오러 뿌 싱 러
난 이미 늙어서 안되겠다.

金 : 看样子一点儿也不老啊。
Jīn : Kàn yàng zi yì diǎnr yě bù lǎo a.
칸 양 쯔이 뎰 예 뿌라오아
보면 조금도 늙지 않았어요.

李 : 年轻的时候好好干吧。
Lǐ : Nián qīng de shí hou hǎo hāo gàn ba.
녠 칭 더 스호우하오하오깐 바
젊었을 때 잘 하세요.

金 : 应该的。
Jīn : Yīng gāi de.
잉 까이 더
도리로 보아 당연하지요.

李 : 年轻人应当有所贡献。
Lǐ : Nián qīng rén yìng dāng yǒu suǒ gòng xiàn .
녠 칭 런 잉 당 요우 쉬 꿍 쎈
젊은이들은 응당 무엇인가를 공헌하겠다는 정신이 있어야 한다.

金 : 您说得没错。
Jīn : Nín shuō de méi cuò.
닌 수어 더 메이추어
당연하지요.

정리하다/정돈하다
整理
zhěng lǐ
정 리

1. 整理资料。
Zhěng lǐ zī liào.
정 리 즈 랴오
자료를 정리하다.

2. 请你整理一下房间好吗?
Qǐng nǐ zhěng lǐ yí xià fáng jiān hǎo ma?
칭 니 정 리 이 쌰 프앙 졘 하오 마
당신께서 방안을 정리해 주는 것이 어떻습니까?

3. 整理家务。
Zhěng lǐ jiā wù.
정 리 쟈 우
가사를 정리하다.

4. 搜集整理故事。
Sōu jí zhěng lǐ gù shi.
소우 지 정 리 꾸 쓰
이야기를 수집 정리하다.

5. 整理机。
Zhěng lǐ jī.
정 리 지
정리기.

老李: 你忙什么呢?
LǎoLǐ : Nǐ máng shén me ne?
　　　니 망 선 머 너
　　　당신은 무엇이 바쁩니까?

老金: 忙着整理资料呢。
LǎoJīn : Máng zhe zhěng lǐ zī liào ne.
　　　　망 저 정 리즈랴오너
　　　　자료정리를 바삐하고 있어요.

老李: 我也刚整理完办公室。
LǎoLǐ : Wǒ yě gāng zhěng lǐ wán bàn gōng shì.
　　　워예 강 정 리 완 빤 궁 쓰
　　　저도 사무실을 금방 정리를 다했어요.

老金: 没完没了啊!
LǎoJīn : Méi wán méi liǎo a!
　　　메이 완 메이랴오아
　　　한도 없고 끝도 없어요!

老李: 休息一会儿吧。
LǎoLǐ : Xiū xi yí huìr ba.
　　　시우시이 훨 바
　　　그러니 잠깐 쉽시다.

老金: 好吧。
LǎoJīn : Hǎo ba.
　　　하오 바
　　　그럽시다./네.

제고했다

提高了
tí gāo le
티 가오 러

예문

1. 提高水平。
Tí gāo shuǐ píng.
티 가오 수이 핑
수준을 제고하다.

2. 提高学习成绩。
Tí gāo xué xí chéng jì.
티 가오 쉐 시 청 찌
학습 성적을 제고하다.

3. 提高工作效率。
Tí gāo gōng zuò xiào lǜ.
티 가오 궁 쮜 쌰오 뤼
작업능률을 제고하다. (올리다)

4. 提高警惕。
Tí gāo jǐng tì.
티 가오 징 티
경각심을 높이다.

5. 地位提高了。
Dì wèi tí gāo le.
띠 웨이 티 가오 러
지위가 높아지다.

王丽: 汉语成绩提高了吗?
Wánglì : Hàn yǔ chéng jì tí gāo le ma?
한 위 청 찌티가오러마
중국어(한어) 성적이 제고 되었어요?

金哲: 看不出来。
Jīnzhé : Kàn bu chū lái.
칸 부추라이
알아볼 수 없어요.

王丽: 要想提高成绩必须努力学习。
Wánglì : Yào xiǎng tí gāo chéng jì bì xū nǔ lì xué xí.
야오시앙 티가오 청 찌삐쉬 누리쉐 시
성적을 올리려면 반드시 학습에 노력해야 한다.

金哲: 可是很难提高啊。
Jīnzhé : Kě shi hěn nán tí gāo a.
커 스 헌 난 티가오아
수준을 제고하기 어렵다.

王丽: 有自信才能提高行啊。
Wánglì : Yǒu zì xìn cái xíng a.
요우 쯔 씬차이싱 아
자신감이 있어야 제고할 수 있다.

金哲: 还是缺乏努力。
Jīnzhé : Hái shi quē fá nǔ lì.
하이쓰 췌프아누리
아직도 노력이 부족합니다.

제때에/제시간에
按时
àn shí
안 스

예문

1. 按时睡觉。
   Àn shí shuì jiào.
   안 스 쑤이 쨔오
   제때에 자다.

2. 按时吃药。
   Àn shí chī yào.
   안 스 츠야오
   제때에 약을 먹다.

3. 按时完成作业。
   Àn shí wán chéng zuò yè.
   안 스 완 청 쭤 예
   제때에 숙제를 완성하다.

4. 列车准时(按时)到达。
   Liè chē zhǔn shí(àn shí) dào dá.
   례 처 준 스(안 스) 따오 다
   열차가 제시간에 도착하다.

5. 每天按时来。
   Měi tiān àn shí lái.
   메이 텐 안 스라이
   매일 제시간에 온다.

李: 老王来了吗?
Lǐ : Lǎo wáng lái le ma?
라오 왕 라이러마
왕씨 왔습니까?

张: 还没来。
Zhāng : Hái méi lái.
하이메이라이
아직 오지 않았습니다.

李: 他是，按时上班的人。
Lǐ : Tā shì àn shí, shàng bān de rén.
타 쓰안스　쌍 반더런
그는 제시간에 출근하는 사람입니다.

张: 任务能不能按时完成?
Zhāng : Rèn wu néng bu néng àn shí wán chéng?
런 우 녕 부 녕 안스완 청
임무를 능히 제때에 완성할 수 있겠어요?

李: 他从来没有不完成任务的时候。
Lǐ : Tā cóng lái méi yǒ bù wán chéng rèn wù de shí hou.
타 층 라이메이요뿌완　청 런 우더스허우
그는 여태껏 완성하지 못한 적이 없습니다.

张: 我们要向他学习。
Zhāng : Wǒ men yào xiàng tā xué xí.
워　먼 야오 썅 타 쉐시
우리도 그를 따라 배웁시다.

포인트

> ~제외하고는/~외에/~도
>
> # 除了~。
>
> chú le~
> 추 러

예문

1. 他除了会说英语以外，还会说汉语。
Tā chú le huì shuō Yīng yǔ yǐ wài, hái huì shuō Hàn yǔ.
타 추 러후이 쉬 잉 위 이와이 하이후이 쉬 한 위
그는 영어를 말할 줄 아는 외에 중국어도 할 줄 안다.

2. 除了他以外，谁也不知道。
Chú le tā yǐ wài, shéi yě bù zhī dào.
추 러 타 이와이 세이 예 뿌 즈 따오
그를 제외하고는 누구도 모른다.

3. 除了他还有两个人。
Chú le tā hái yǒu liǎng ge rén.
추 러 타 하이요우 량 거 런
그를 제외하고 두 사람이 더 있다.

4. 他除了学习，就是睡觉。
Tā chú le xué xí, jiù shì shuì jiào.
타 추 러 쉐 시 찌우쓰 쑤이
그는 공부하지 않으면 잠잔다.

5. 这几天除了刮风，就是下雨。
Zhè jǐ tiān chú le guā fēng, jiù shì xià yǔ.
쩌 지 텐 추 러 과 프엉 찌우쓰 쌰 위
요며칠 바람이 불지 않으면 비가 왔다.

小王: 你除了会说韩国语以外，还会说什么外国语?
XiǎoWáng : Nǐ chú le Huì shuō hán guó yǔ yǐ wài, hái huì shuō shén me wài guó yǔ?
　　　　 니 추러후이 쉬　한 궈 위 이와이하이후이쉬　션 머 와이꾸어위
넌 한국어를 말할 줄 아는 외에 무슨 말을 할 줄 아니?

小金: 还会说日语。
Xiǎojīn : Hái huì shuō Rì yǔ.
　　　 하이후이쉬 르 위
일본어도 할 줄 안다.

小王: 除此以外呢?
Xiǎowáng : Chú cǐ yǐ wài ne?
　　　　 　츠우츠이와이너
또 무슨 말을 할 줄 아니?

小金: 除了这两种国语言以外，其它外语都不会说。
Xiǎojīn : Chú le zhè liǎng zhǒng guó yǔ yán yǐ wài qí tā wài yǔ dōu bú huì shuō.
　　　 추 러 저　량　 종　 궈 위 얜 이와이 치타와이위떠우부후이 쉬
양국어 외에 기타어는 할 줄 모른다.

小王: 除了你还有别人吗?
XiǎoWáng : Chú le nǐ hái yǒu bié rén ma?
　　　　 추 러 니하이요우베 런 마
너를 제외하고 다른 사람이 더 있니?

小金: 那我不知道。
XiǎoJīn : Nà wǒ bù zhī dào.
　　　 나 위 뿌 즈따오
그건 잘 모르겠어. (그건 요해가 없어)

조금도 힘들지 않습니다
一点儿也不累
yì diǎnr yě bú lèi
이 델 예 부레이

예문

1. 一点儿也不高兴。
Yì diǎnr yě bù gāo xìng.
이 델 예 뿌 가오 씽
조금도 기쁘지 않다.

2. 比教高兴。
Bǐ jiào gāo xìng.
가오 씽
좀은 기쁘다.

3. 还有一点儿希望。
Hái yǒu yì diǎnr xī wàng.
하이요우 이 델 시 왕
아직 약간의(조금) 희망이 있다.

4. 只有那么一点儿吗?
Zhǐ yǒu nà me yì diǎnr ma?
즈 요우 나 머 이 델 마
다만 고것뿐이냐?

5. 多吃点儿吧。
Duō chī diǎnr ba.
뒤 츠 델 바
좀 더 드세요.

金哲: 王丽，有点儿累了吧?
Jīnzhé : Wáng lì, yǒu diǎnr lèi le ba?
　　　왕 리요우 델 레이러바
　　왕리, 좀은 힘들지?

王丽: 一点儿也不累。
Wánglì : Yì diǎnr yě bú lèi.
　　　이 델 예 부레이
　　조금도 힘들지 않다.

金哲: 有点儿渴了吧?
Jīnzhé : Yǒu diǎnr kě le ba?
　　　요우 델 커 러바
　　목이 좀 마르지?

王丽: 是。想喝点儿水。
Wánglì : Shì, xiǎng hē diǎnr shuǐ.
　　　쓰　샹 허 델 수이
　　그래. 물 좀 마시고 싶다.

金哲: 那就喝点儿吧!
Jīnzhé : Nà jiù hē diǎnr ba!
　　　나 지우허 델 빠
　　그렇게 조금 마시냐!

王丽: 好的。
Wánglì : Hǎo de.
　　　하오 더
　　갈증을 풀었다.

191

 포인트

조사하다/찾다

查

chá
차

예문

1. 查个水落石出。
Chá ge shuǐ luò shí chū.
차 거 수이 뤄 스 추
철저하게 조사하다.

2. 查原因，查明真相。
Chá yuán yīn, chá míng zhēn xiàng.
차 웬 인 차 밍 전 샹
원인을 조사하여 진상을 밝혀내다.

3. 网上查资料。
Wǎng shàng chá zī liào.
왕 쌍 차 즈 랴오
인터넷에서 자료를 찾다.

4. 查字典。
Chá zì diǎn.
차 쯔 덴
자전을 찾다.

5. 查一查，看看。
Chá yi chá, kàn kan.
차 이 차 칸 칸
찾아 보다.

李： 这个字怎么念?

Lǐ : Zhè ge zì zěn me niàn?

쩌 거 쯔 전 머　녠

이 글자를 어떻게 읽어요?

金： 查查字典吧!

Jīn : Chá chá zì diǎn ba!

츠아 츠아 쯔 띠엔 빠

자전에서 찾아 보세요!

李： 这个词什么意思?

Lǐ : Zhè ge cí shén me yì si?

쩌　거 츠 선 머 이 스

이 단어 뜻이 무엇이죠?

金： 查一查词典。

Jīn : Chá yi chá cí diǎn.

차 이 차 츠 뎬

사전에서 찾아보세요.

李： 查了。

Lǐ : Chá le.

차 러

찾았다.

金： 经常利用词典的话非常方便。

Jīn : Jīng cháng lì yòng cí diǎn de huà fēi cháng fāng biàn.

징　창 리　융 츠 뎬 떠후아훼이 창　황 삐엔

늘 사전을 이용하면 퍽 편리하다.

 포인트

~조차도/까지도(강조의 의미)

连
lián
롄

예문

1. 连这道题也都不会。
Lián zhè dào tǐ yě dōu bú huì.
롄 쩌 티 예 도우 부 후이
이 문제 조차도 못한다.

2. 连你也那样?
Lián nǐ yě nà yàng?
롄 니 예 나 양
너 조차도 그러하니?

3. 连一天也没休息。
Lián yì tiān yě méi xiū xi.
롄 이 톈 예 메이 시우 시
하루조차도 쉬지 않았다.

4. 连我都知道了。
Lián wǒ dōu zhī dào le.
롄 워 도우 즈 다오 러
나까지도 알았다.

5. 连米也都没有。
Lián mǐ yě dōu méi yǒu.
롄 미 예 도우 메이 요우
쌀조차도 없다.

王: 连这个字也不会 念?
Wáng : Lián zhè ge zì yě bú huì niàn?
　　　 렌　 쩌 거 쯔예부후이 녠
　　　 이 글자조차도 읽을 줄 몰라?

金: 不会 念。
Jīn :　Bú huì niàn.
　　　 부후이 녠
　　　 읽을 줄 몰라.

王: 我为了学习连一天也没休息。
Wáng : Wǒ wèi le xué xí lián yì tiān yě méi xiū xi.
　　　 위 웨이러 쒜 스 런 이 톈 예 메이시우시
　　　 배우기 위해 하루조차도 쉬지 않았다.

金: 太可怜了!
Jīn :　Tài kě lián le!
　　　 타이커 렌 러
　　　 참 가련하다!

王: 再鼓起勇气!
Wáng : Zài gǔ qǐ yǒng qì!
　　　 짜이구치　용 치
　　　 또 용기를 내야해!

金: 好。鼓起勇气!
Jīn :　Hǎo, gǔ qǐ yǒng qì!
　　　 하오 구치 용 치
　　　 그래. 용기를 일으켜야지!

195

087 포인트

좋은 것/좋다/좋네
好的
hǎo de
하오 더

예문

1. 好话不出门。
Hǎo huà bù chū mén.
하오 화 뿌 추 먼
좋은 말은 나돌지 않는다.

2. 好话不背人。
Hǎo huà bú bèi rén.
하오 화 부삐이 런
좋은 말은(이야기는) 남에게 숨기지 않는다.

3. 好景不长。
Hǎo jǐng bù cháng.
하오 징 뿌 창
좋은 시절 오래 못간다. (매화도 한철)

4. 好大地不乐意。
Hǎo dà de bú lè yì.
하오 따 더 부 러 이
대단히 불쾌해하다.

5. 我的好友。
Wǒ de hǎo yǒu.
워 더 하오 요우
나의 좋은 벗이다.

小李: 这笔好用吗?
XiǎoLǐ : Zhè bǐ hǎo yòng ma?
쩌 비하오 마
이 펜이 좋으냐?

小王: 不怎么好用。
XiǎoWáng : Bù zěn me hǎo yòng.
뿌 전 머 하오
그리 좋지 않다.

小李: 换一支吧!
XiǎoLǐ : Huán yì zhī ba!
후안 이 쯔빠
하나 바꿔요!

小王: 可是我没有其他的笔啊!
Xiǎowáng : Kě shì wǒ méi yǒu qí tā de bǐ a!
커시 워 메이 요우 치 타 더 삐아
근데 나는 다른 펜이 없잖아!

小李: 我去跟别人借一支吧!
XiǎoLǐ : Wǒ qù gēn bié rén jiè yì zhī ba!
워 취 껀 삐에 런 지에 이 쯔빠
다른 사람한테 하나 빌려 올께!

小王: 好的!
Xiǎowáng : Hǎo de!
하오 더
그래!

 **포인트**

> 지금 무엇을 하고 있습니까?
> # 现在你做什么呢?
> xiàn zài nǐ zuò shén me ne
> 쎈 짜이니 쮜 선 머 너

예문

1. 现在是几点?
   Xiàn zài shì jǐ diǎn?
   쎈 짜이 쓰 지 뎬
   지금은 몇 시 입니까?

2. 现在你去哪儿?
   Xiàn zài nǐ qù nǎr?
   쎈 짜이 니 취 날
   지금 어디 가십니까?

3. 现在你做什么?
   Xiàn zài nǐ zuò shén me?
   쎈 짜이 니 쮜 선 머
   지금 무엇을 하고 있습니까?

4. 现在忙吗?
   Xiàn zài máng ma?
   쎈 짜이 망 마
   지금 바쁩니까?

5. 现在什么也不想干。
   Xiàn zài shén me yě bù xiǎng gàn.
   쎈 짜이 선 머 예 뿌 샹 깐
   지금은 아무것도 하고 싶지 않습니다.

198

小李 : 小王，现在有空吗?
XiǎoLǐ : Xiǎo wáng, xiàn zài yǒu kòng ma?
 샤오 왕   쎈 짜이요우 쿵 마
 샤오왕, 지금 짬이 있니?

小王 : 现在没空，有什么事?
XiǎoWáng : Xiàn zài méi kòng, yǒu shén me shì?
         쎈짜이메이 쿵 요우 선 머 쓰
         지금은 짬이 없는데, 무슨 일이 있니?

小李 : 没什么事。一会儿再来。
XiǎoLǐ : Méi shén me shì, yí huìr zài lái .
 메이 선 머 쓰 이 훌 짜이라이
 아무 일 없다. 잠시 후 또 오겠다.

小王 : 那我忙完以后去找你吧!
Xiǎowáng : Nà wǒ máng wán yǐ hòu qù zhǎo nǐ ba!
         나 워 망   완 이허우 취 자오 니 빠
         내가 일이 끝나고 너를 찾으러 갈께.

小李 : 好的，我等你!
Xiǎolǐ : Hǎo de, wǒ děng nǐ!
        하오더 워   덩 니
 좋아, 기다릴께!

小王 : 一会儿贝。
Xiǎowáng : Yīhuì jiàn.
          이훨 지앤
          잠시후에 보자!

지금까지 ~ 한 적이 없다

从来没 … 过 ~。
cóng lái méi … guò ~
충 라이메이 꿔

예문

1. 从来没看过。
Cóng lái méi kàn guò.
충 라이메이 칸 꿔
지금까지(이때까지) 본적이 없다.

2. 从来没学过。
Cóng lái méi xué guò.
충 라이메이 쉐 꿔
이때까지 배운적이 없다.

3. 从来没这么好过。
Cóng lái méi zhè me hǎo guò.
충 라이메이 쩌 머 하오 꿔
이때까지 이렇게 좋아한적이 없다.

4. 从来没吻过。
Cóng lái méi wěn guò.
충 라이메이 원 꿔
지금까지 키스해본적이 없다.

5. 从来没有过这种感觉。
Cóng lái méi yǒu guò zhè zhǒng gǎn jué.
충 라이메이요우 꿔 쩌 중 간 줴
이때까지 이런 느낌이 없었다. (이런 느낌은 처음이다)

李: 怎么样呢?
Lǐ : Zěn me yàng ne?
　　전 머 양 너
　　어떠하니?

金: 从来没有过这种感觉。
Jīn : Cóng lái méi yǒu guò zhè zhǒng gǎn jué.
　　충라이메이요우꿔 쩌 중 간 줴
　　이런 느낌은 처음이다.

李: 怎么了?
Lǐ : Zěn me le?
　　전 머 러
　　왜?

金: 我从来没见过大海。现在看到海，汎常尝奋。
Jīn : Wǒ cóng lái méi jiàn guò dà hǎi. Xiàn zài kàn dào hǎi, fēi cháng xíng fèn.
　　워 충 라이메이지엔꿔따하이. 시앤자이 칸 따오하이. 훼이 창 싱 훤
　　이때까지 바다구경한적이 없었다. 지금 바다를 봤으니까, 아주 흥분
　　돼요.

李: 我也是。
Lǐ : Wǒ yě shì.
　　워 예 쓰
　　나도 그렇다.

金: 是吗?
Jīn : Shì ma?
　　쓰 마
　　그런가?

201

> 지루하다/무의미하다/재미없다
> # 无聊
> wú liáo
> 우 랴오

예문

1. 感到无聊。
Gǎn dào wú liáo.
간 따오 우 랴우
지루하게 느끼다. (무의미하게 느껴지다)

2. 无聊的话。
Wú liáo de huà.
우 랴우 더 화
무의미한 말. (따분한 말)

3. 老谈爱情，太无聊了。
Lǎo tán ài qíng tài wú liáo le.
라오 탄아이 칭 타이 우 랴오 러
늘 사랑 타령만하니, 너무 무의미하다.

4. 你很无聊。
Nǐ hěn wú liáo.
니 헌 우 랴오
너는 너무 무료하다.

5. 今天觉得很无聊。
Jīn tiān jué de hěn wú liáo.
진 텐 줴 더 헌 우 랴오
오늘은 너무도 무의미하다. (재미없다)

小张: 今天有意思吗?
XiǎoZhāng : Jīn tiān yǒu yì si ma?
　　　진 텐 요우이스마
　　오늘 재미 있었니?

小李: 今天太无聊了。
XiǎoLǐ : Jīn tiān tài wú liáo le.
　　　진 텐 타이우랴오러
　　오늘 너무 재미없었어.

小张: 我也觉得无聊。
XiǎoZhāng : Wǒ yě jué de wú liáo.
　　　워 예 줴 더 우랴오
　　나도 무의미했다.

小李: 玩儿网络游戏吧。
XiǎoLǐ : Wánr wǎng luò yóu xì ba.
　　　왈 왕 뤄요우씨 바
　　인터넷 게임하러 가자.

小张: 那也没意思。
XiǎoZhāng : Nà yě méi yì si.
　　　나 예메이이스
　　그것도 재미없어.

小李: 那看电影去吧。
XiǎoLǐ : Nà kàn diàn yǐng qù ba.
　　　나 칸 뗀 잉 취바
　　그럼 영화 보러가자.

차라리/오히려(~할지언정)

宁可~。

nìng kě~
닝 커

예문

1. 我宁可走着去，也不在这儿车。
   Wǒ nìng kě zǒu zhe qù, yě bú zài zhèr děng chē.
   워 닝 커조우저 취 위 치짜이 쩌 덩 처
   여기서 차를 기다리느니 차라리 걸어가겠다.

2. 我宁可吃点儿亏，也不占人家的便宜。
   Wǒ nìng kě chī diǎnr kuī, yě bú zhàn rén jiā de pián yi.
   워 닝 커 츠 델 쿠이예부 짠 런 쟈더 펜 이
   내가 손해를 좀 볼지언정 남의 덕을 보지는 않겠다.

3. 我们宁可警惕一点的好。
   Wǒ men nìng kě jīng tì yì diǎn de hǎo.
   워 먼 닝 커징티이 뎬 더하오
   경각심을 좀 가지는 것이 좋다.

4. 我宁可吃点苦，也不让人家吃苦。
   Wǒ nìng kě chī diǎn kǔ, yě bú ràng rén jiā chī kǔ.
   워 닝 커 츠 뎬 쿠 예부 랑 런 쟈 츠쿠
   내가 고생을 좀 할지언정 남을 고생하게는 않겠다.

5. 我宁可不学，也不出国。
   Wǒ nìng kě bù xué, yě bù chū guó.
   워 닝 커 뿌쉐 예뿌 추 궈
   내가 공부를 안할지언정 출국은 하지 않겠다.

李: 你要出国留学吗?

Lǐ : Nǐ yào chū guó liú xué ma?
　　니야오 추 궈 류 쉐 마
　　너 출국하여 유학하고 싶으냐?

金: 不。不想留学。

Jīn : Bù. bù xiǎng liú xué.
　　뿌 뿌 샹 리우쉐
　　아니. 유학하고 싶지 않아.

李: 为什么?

Lǐ : Wèi shén me?
　　웨이 선 머
　　무엇 때문에(왜)?

金: 我宁可不学，也不出国。

Jīn : Wǒ nìng kě bù xué, yě bù chū guó.
　　워 닝 커 뿌쉐 예뿌추 궈
　　난 공부를 안할지언정 유학은 하지 않겠다.

李: 真理解不了你。

Lǐ : Zhēn lǐ jiě bù liǎo nǐ.
　　전 리 제 뿌랴오니
　　진짜 이해할 수 없구나.

金: 宁可不学，也不留学。

Jīn : Nìng kě bù xué, yě bù liú xué.
　　닝 커 뿌 쉐 예 뿌리우쉐
　　차라리 공부를 안할지언정 유학은 안한다.

205

092

포인트

> **차츰차츰/점점**
> # 逐渐
> zhú jiàn
> 주 쩬

예문

1. 逐渐冷了起来。
Zhú jiàn lěng le qǐ lái.
주 쩬 렁 러 치 라이
차츰차츰 추워지기 시작했다.

2. 天色逐渐暗了下来。
Tiān sè zhú jiàn'àn le xià lái.
톈 써 주 쩬 안 러 쌰라이
날이 점점 어두워졌다.

3. 病情逐渐好了起来。
Bìng qíng zhú jiàn hǎo le qǐ lái.
삥 칭 주 쩬 하오 러 치 라이
병이 차츰차츰 차도가 있다.

4. 地球逐渐沙漠化。
Dì qiú zhú jiàn shā mò huà.
띠 치우 주 쩬 사 모 화
지구는 점점 사막화 되고 있다.

5. 怎么逐渐忘了。
Zěn me zhú jiàn wàng le.
전 머 주 쩬 왕 러
어떻게 점차 잊었다.

李: 天气逐渐冷了起来。
Lǐ : Tiān qì zhú jiàn lěng le qǐ lái.
텐 치 주 쪤 렁 러치라이
차츰차츰 추워지기 시작한다.

王: 天色也逐渐暗了。
Wáng : Tiān sè yě zhú jiàn'àn le.
텐 써예 주 쪤 안 러
날씨도 점점 어두워진다.

李: 金哲病情怎么样了呢?
Lǐ : Jīn zhé bìng qíng zěn me yàng le ne?
진 저 삥 칭 전 머 양 러머
진저의 병이 어떠한지?

王: 逐渐好起来了。
Wáng : Zhú jiàn hǎo qǐ lái le.
주 쪤 하오치라이러
그의 병은 점점 차도가 있었다.

李: 天气和健康有着密切的关系。
Lǐ : Tiān qì hé jiàn kāng yǒu zhe mì qiè de guān xi.
텐 치허쩬 캉 요우저미 체 더 관 시
날씨와 건강은 밀접한 관계가 있다.

王: 是的。
Wáng : Shì de.
쓰 더
그렇다.

093

포인트

> 참을성 있다
> # 耐心
> nài xīn
> 나이 신

예문

1. 耐心地等待。
Nài xīn de děng dài.
나이 신 더　덩 따이
참을성 있게 기다리다.

2. 耐心地听课。
Nài xīn de tīng kè.
나이 신 더　팅 커
인내성 있게 수업을 듣다.

3. 进行耐心地说明。
Jìn xíng nài xīn de shuō míng.
찐 싱 나이 신 더　쉬　밍
참을성 있게 설명을 하다.

4. 他耐心地回答了。
Tā nài xīn de huí dá le.
타 나이 신 더후이다러
그는 인내성 있게 대답했다.

5. 处理问题要耐心。
Chǔ lǐ wèn tí yào nài xīn.
추 리 원 티야오나이 신
문제를 처리할 때는 인내성이 있어야 한다.

王: 我讨厌上课。
Wáng : Wǒ tǎo yàn shàng kè.
　　위 타오옌　상 커
　　난 수업받기 싫다.

李: 为什么?
Lǐ : Wèi shén me?
　　웨이 선 머
　　왜? (무엇 때문에?)

王: 心烦，集中不了。
Wáng : Xīn fán jí zhōng bù liǎo.
　　신프안지 중 뿌랴오
　　마음이 번거로워 집중이 안돼.

李: 应该集中精神，耐心地听课。
Lǐ : Yīng gāi jí zhōng jīng shén, nài xīn de tīng kè.
　　잉 가이지 중 징 선 나이신 더 팅 커
　　응당 정신을 집중하고 참을성 있게 수업을 받아야 한다.

王: 怎么也没办法耐心地听课。
Wáng : Zěn me yě méi bàn fǎ nài xīn de tīng kè.
　　전 머 예메이 빤 화나이신더 팅 커
　　어떻게 해도 인내성 있게 들을 수가 없어.

李: 那么到医院看看?
Lǐ : Nà me dào yī yuàn kàn kan?
　　나 머따오이 웬 칸 칸
　　그럼 병원에 가 봐야지?

천천히

慢慢儿
màn mānr
만 말

예문

1. 慢慢地走。
   Màn mān de zǒu.
   만 만 더 조우
   천천히 걷다.

2. 慢慢来。
   Màn mān lái.
   만 만 라이
   천천히 해라/서둘지 말라.

3. 慢慢说。
   Màn mān shuō.
   만 만 쉬
   천천히 말하라.

4. 他慢慢会想通的。
   Tā màn mān huì xiǎng tōng de.
   타 만 만후이 샹 퉁 더
   그는 점차 납득할 것이다.

5. 我的表慢五分种。
   Wǒ de biǎo màn wǔ fēn zhōng.
   워 더 뱌오 만 우프언 중
   내 시계는 5분이 늦다.

老李: 老金，慢慢儿来。不要急。
LǎoLǐ : 　Lǎo jīn, màn mānr lái. bú yào jí.
　　　라오진 만　말라이 부야오지
　　　김씨, 급해말고 천천히 해요.

老金: 哪能慢慢儿呢，越快越好。
LǎoJīn : Nǎ néng màn mānr ne, yuè kuài yuè hǎo.
　　　나 넝 만　말 너 웨 콰이 웨 하오
　　　어떻게 천천히 할 수 있어요. 빠르면 빠를수록 좋지요.

老李: 是吗? 那我们一起快点儿干吧。
LǎoLǐ : 　Shì ma nà wǒ men yì qǐ kuài diǎnr gàn ba.
　　　쓰 마 나 워　먼 이 치콰이 델　간 바
　　　그래요? 그럼 우리 함께 빨리 합시다.

老金: 用不着你，我自个儿也行。
LǎoJīn : Yòng bu zháo nǐ, wǒ zì gèr yě xíng.
　　　융 부 자오 니 워 쯔걸 예 싱
　　　혼자해도 되니 당신은 필요치 않아요.

老李: 一个人不如两个人嘛。
Lǎolǐ : 　Yí gè rén bù rú liǎng gè rén ma.
　　　이거런 뿌루 량 거 런 마
　　　한 사람은 두 사람보다 못하지요.

老金: 对人多力量大呀!
Lǎojīn : 　Duì rén duō lì liang dà ya!
　　　뛰이런 뒤리 량 따 야
　　　사람이 많으면 힘이 크지요!

추구하다/쫓다/캐다
追
zhuī
주이

예문

1. 追求利润。
Zhuī qiú lì rùn.
주이 치우 리 룬
이윤을 추구하다.

2. 快追他!
Kuài zhuī tā.
콰이 주이 타
어서 그를 뒤쫓아라!

3. 不必追了。
Bú bì zhuī le.
부 삐 주이 러
캘(추궁) 필요가 없다.

4. 她追你吗?
Tā zhuī nǐ ma?
타 주이 니 마
그녀가 너를 좋아해? (따르니?)

5. 追不上。
Zhuī bu shàng.
주이 부 쌍
따라 잡을 수 없다.

小李: 你追她吗?
XiǎoLǐ : Nǐ zhuī tā ma?
　　　니 주이 타 마
　　　넌 그녀를 좋아하니(따르니)?

小金: 你说反了。
XiǎoJīn : Nǐ shuō fǎn le.
　　　니 쉬 프안러
　　　반대로 말했다.

小李: 她追你呀?
XiǎoLǐ : Tā zhuī nǐ ya?
　　　타 주이니 야
　　　그녀가 너를 좋아한다고?

小金: 没错。
XiǎoJīn : Méi cuò.
　　　메이 춰
　　　그렇지.

小李: 我看错了，请原谅。
XiǎoLǐ : Wǒ kàn cuò le, qǐng yuán liàng.
　　　위 칸 춰러 칭 웬 량
　　　잘못 봤으니 양해하라.

小金: 没事儿。
Xiǎojīn : Méi shir.
　　　메이 쓰얼
　　　개의치 말라.

213

축하합니다
祝贺你!
zhù hè nǐ
쭈 허 니

예문

1. 成绩真好, 祝贺你!
Chéng jì zhēn hǎo, zhù hè nǐ!
청 찌 전 하오 쭈 허 니
성적이 정말 좋군요, 축하합니다!

2. 祝你生日快乐!
Zhù nǐ shēng rì kuài le!
쭈 니 셩 르콰이 러
당신의 생일을 축하합니다!

3. 祝你身体健康!
Zhù nǐ shēn tǐ jiàn kāng!
쭈 니 선 티 쩬 캉
당신의 건강을 축하합니다!

4. 祝您幸福!
Zhù nín xìng fú!
쭈 닌 씽 푸
행복을 기원합니다!

5. 祝您成功!
Zhù nín chéng gōng!
쭈 닌 청 궁
당신의 성공을 기원합니다!

王丽: 这次考试，成绩全班第一。
Wánglì : Zhè cì kǎo shì, chéng jì quán bān dì yī.
　　　찌 츠카오 쓰　청 찌 췐 반 띠 이
　　　이번 시험에서 성적은 반 전체에서 1등입니다.

金哲: 考得真好，祝贺你!
Jīnzhé : Kǎo de zhēn hǎo, zhù hè nǐ.
　　　카오더 전 하오 쭈 허 니
　　　시험을 정말 잘 봤군요, 축하합니다!

王丽: 你也不错呀，祝贺你!
Wánglì : Nǐ yě bú cuò ya, zhù hè nǐ!
　　　니 예 부 춰 야　쭈 허 니
　　　당신도 괜찮으니, 축하합니다!

金哲: 还可以。
Jīnzhé : Hái kě yǐ.
　　　하이키이
　　　그런대로 괜찮아.

王丽: 我送你一件礼物，请收下。
Wánglì : Wǒ sòng nǐ yí jiàn lǐ wù, qǐng shōu xià.
　　　워 쑹 니 이 쩬 리 우　칭 소우 쌰
　　　당신에게 선물 하나를 드리니 받아주세요.

金哲: 非常感谢!
Jīnzhé : Fēi cháng gǎn xiè!
　　　페이 창　간 쎄
　　　정말로 감사합니다.

칭찬했다

表扬了

biǎo yáng le
뱌오 양 러

예문

1. 老师表扬了我。
   Lǎo shī biǎo yáng le wǒ.
   라오 스 뱌오 양 러 워
   선생님은 절 칭찬했다.

2. 孩子们喜欢表扬。
   Hái zi men xǐ huan biǎo yáng.
   하 즈 먼 시 환 뱌오 양
   아이들은 칭찬을 좋아한다.

3. 做好事受到了表扬。
   Zuò hǎo shì shòu dào le biǎo yáng.
   쮀 하오 쓰 서우 따오 러 뱌오 양
   좋은 일을 했다고 칭찬했다.

4. 表扬好人好事。
   Biǎo yáng hǎo rén hǎo shì.
   뱌오 양 하오 런 하오 쓰
   좋은 사람 좋은 일을 칭찬하다.

5. 受到表扬就高兴，被批评了就生气。
   Shòu dào biǎo yáng jiù gāo xìng, bèi pī píng le jiù shēng qì.
   서우 따오뱌오 양 지우까오 싱, 뻬이 피 핑 러지우 성 치
   칭찬하면 기뻐하고 비평하면 화를 낸다.

李 : 老师表扬你就高兴了。
Lǐ : Lǎo shī biǎo yáng nǐ jiù gāo xìng le.
라오 스뱌오 양 니찌우가오씽 러
선생님이 칭찬하면 바로 기뻐하지.

金 : 高兴怎么了?
Jīn : Gāo xing zěn me le?
가오 씽 전 머 러
기뻐하는데 어째서?

李 : 真孩子气。
Lǐ : Zhēn hái zi qi .
전 하이즈 치
정말 아이 성깔이다.

金 : 孩子气有什么不好?
Jīn : Hái zi qi yǒu shén me bù hǎo?
하 즈 치요우 선 머 뿌하오
아이 성깔(성질)이면 무엇이 나쁜데?

李 : 都成人了还要孩子气?
Lǐ : Dōu chéng rén le hái shuǎ xiǎo hái zi qì?
떠우 청 런 러하이수아샤오할 쯔치
성인인데 아직 어린애라고?

金 : 孩子，成人都是人嘛。
Jīn : Hái zi, chéng rén dōu shì rén ma.
하 즈 청 런도우 쓰 런 마
애 어른 다 사람이잖아.

통쾌하다/시원스럽다
痛快
tòng kuài
퉁 콰이

예문

1. 心里痛快!
   Xīn lǐ tòng kuài!
   신 리 퉁 콰이
   마음이 통쾌하다!

2. 他是个痛快人。
   Tā shì ge tòng kuài rén.
   타 쓰 거 퉁 콰이 런
   그는 시원스러운 사람이다.

3. 说出一句痛快话。
   Shuō chū yí jù tòng kuài huà.
   쉬 추 이쮜 퉁 콰이 화
   시원하게 한마디 하였다.

4. 喝个痛快。
   Hē ge tòng kuài.
   허 거 퉁 콰이
   마음껏 마시자.

5. 玩儿得痛快。
   Wánr de tòng kuài.
   왈 더 퉁 콰이
   유쾌하게 놀았다.

王丽: 心里怎么样?
Wánglì : Xīn lǐ zěn me yàng?
　　　신 리 전 머　양
　　　마음이 어떠해요?

金哲: 很痛快。
Jīnzhé : Hěn tòng kuài.
　　　헌　퉁 콰이
　　　통쾌해요.

王丽: 我也高兴。
Wánglì : Wǒ yě gāo xìng.
　　　워 예 가오 씽
　　　나도 기쁘다.

金哲: 来，喝个痛快吧。
Jīnzhé : Lái, hē ge tòng kuài ba.
　　　라이허거 퉁 콰이 바
　　　자, 마음껏 마시자.

王丽: 今天也玩儿也个痛快吧！
Wánglì : Jīn tiān yě wánr yě ge tòng kuài ba!
　　　진 텐 예 왈 예 거 둥 라이 바
　　　오늘 노는 것도 유쾌하게 하자!

金哲: 好。痛痛快快快地玩儿。
Jīnzhé : Hǎo, tòng tong kuài kuài de wanr.
　　　하오 퉁　퉁 콰이 콰이더 왈
　　　좋아. 통쾌하게 놀자.

퇴근했다

下班了
xià bān le
샤 반 러

예문

1. 他下班了吗?
Tā xià bān le ma?
타 샤 반 러 마
그인 퇴근했습니까?

2. 早就下班了。
Zǎo jiù xià bān le.
자오찌우샤 반 러
벌써 퇴근했어요.

3. 几点下班?
Jǐ diǎn xià bān?
지 덴 샤 반
몇 시에 퇴근해요?

4. 下班回家吗?
Xià bān huí jiā ma?
샤 반후이 쟈 마
퇴근해서 집으로 돌아갑니까?

5. 一会儿下班。
Yí huìr xià bān.
이 훌 샤 반
잠시 후에 퇴근해요.

张: 老李下班吧。
Zhāng : Lǎo lǐ xià bān ba.
　　　라오리 쌰 반 바
　　이씨 퇴근합시다.

李: 等一会儿。
Lǐ : Děng yí huìr.
　　덩 이 훌
　　잠시 기다려요.

张: 我在那儿等你。
Zhāng : Wǒ Zài nàr děng nǐ.
　　　　워 짜이날 덩 니
　　저기서 기다려요.

李: 等我有事儿吗?
Lǐ : Děng wǒ yǒu shìr ma?
　　덩 워요우 썰 마
　　일이 있어 기다려요?

张: 想跟你一块儿回家。
Zhāng : Xiǎng gēn nǐ yí kuàir huí jiā.
　　　　샹 껀 니이 쾰 후이쟈
　　함께 집에 가고 싶어요.

李: 好。马上走。
Lǐ : Hǎo, mǎ shàng zǒu.
하오 마 상 쩌우
　　좋아요. 곧 가겠습니다.

 포인트

특별히/각별히
特別
tè bié
터 베

예문

1. 特别热。
 Tè bié rè.
 터 베 러
 특별히 덥다.

2. 特别招待。
 Tè bié zhāo dài.
 터 베 자오 따이
 특별히 초대하다.

3. 他跑得特别快。
 Tā pǎo de tè bié kuài.
 타 파오 더 터 베 콰이
 그가 특별히(아주) 빠르게 뛴다.

4. 特别把他留下来了。
 Tè bié bǎ tā liú xià lái le.
 터 베 바 타 리우 쌰 라이 러
 특별히 그를 남게 했다.

5. 有什么特别的菜？ (형용사인 경우)
 Yǒu shén me tè bié de cài?
 요우 선 머 터 베 더 차이
 무슨 특별한 요리가 있나요?

王丽: 你怎么 这么 高兴呢?
Wánglì : Nǐ zěn me zhè me gāo xìng ne?
　　　니 전 머 저 머가오 씽 너
왜 특별히 기뻐하니?

金哲: 因为她特别漂亮。
Jīnzhé : Yīn wèi tā tè bié piào liang.
　　　인 웨이타터베 퍄오 량
그녀가 특별히 이쁘기 때문이다.

王丽: 是吗?
Wánglì : Shì ma?
　　　쓰 마
그래?

金哲: 你不也那样认为吗?
Jīnzhé : Nǐ bú yě nà yàng rèn wéi ma?
　　　니 부 예 나 양 런웨이 마
너도 그렇지 않은가?

王丽: 是。
Wánglì : Shì.
　　　쓰
그것도 그래.

金哲: 我看没有特别的人。
Jīnzhé : Wǒ kàn méi yǒu tè bié de rén.
　　　워 칸 메이요우터베더 런
보건데 특별한 사람이 없는 것 같아.

판단하다
判断
pàn duàn
판 똰

예문

1. **下判断。**
   Xià pàn duàn.
   쌰 판 똰
   판단을 내리다.

2. **请判断一下。**
   Qǐng pàn duàn yí xià.
   칭 판 똰 이 쌰
   좀 판단해 보세요.

3. **如何判断?**
   Rú hé pàn duàn?
   루 허 판 똰
   어떻게 판단하는가?

4. **判断好坏。**
   Pàn duàn hǎo huài.
   판 똰 하오 화이
   좋고 나쁨을 판단하다.

5. **如何判断才行?**
   Rú hé pàn duàn cái xíng?
   루 허 판 똰 차이 싱
   어떻게 판단하면 되겠는가?

王丽: 金哲，这个题对吗!
Wánglì : Jīn zhé, zhè ge tí duì ma!
진 저   쩌 거티뛔이 마
진저, 이 문제를 판단 좀 해봐!

金哲: 对错这题很难判断。
Jīnzhé : Duì cuò hěn nán pàn duàn.
뛔이춰 헌 난 판 뛴
이 문제는 판단하기가 어렵다.

王丽: 那么到老师那里去请教吧。
Wánglì : Nà me dào lǎo shī nà li qù qǐng jiào ba.
나 머 따오라오스나리 취 칭 쟈오 바
그럼 선생님한테 가서 가르쳐 달라 하자.

金哲: 好吧。
Jīnzhé : Hǎo ba.
하오바
좋다. (그러자)

王丽: 今后我们自己得多动脑筋。
Wánglì : Jīn hòu wǒ men zì jǐ děi duō dòng nǎo jin.
진 호우워 먼 쯔지 뒤떼이 뚱 나오진
앞으로 우리 스스로가 머리를 더 쓰자.

金哲: 对。
Jīnzhé : Duì.
뛔이
도리로 보아 당연하지.

225

표현하다
表达
biǎo dá
뱌오 다

예문

1. 用语言表达出来。
Yòng yǔ yán biǎo dá chū lái.
융 위 옌 뱌오 다 추라이
말로(언어로) 표현하다.

2. 表达感情。
Biǎo dá gǎn qíng.
뱌오 다 간 칭
감정을 표현하다. (나타내다)

3. 无法表达。
Wú fǎ biǎo dá.
우 프아뱌오다
표현할 수가 없다.

4. 表达的方法不一样。
Biǎo dá de fāng fǎ bù yí yàng.
뱌오 다 더 프앙프아뿌이 양
표현하는 방법이 같지 않다.

5. 表达得不生动。
Biǎo dá de bù shēng dòng.
뱌오 다 더 뿌 성 뚱
표현이 생동하지 않다.

李: 用动作表达出来。

Lǐ : Yóng dòng zuò biǎo dá chū lái.

　　　용　뚱　쮀　뱌오다추라이

동작으로 표현하세요.

王: 无法表达。

Wáng : Wú fǎ biǎo dá.

　　　우프아뱌오다

표현할 수가 없어요.

李: 那么，用语言表达。

Lǐ : Nà me, yòng yǔ yán biǎo dá.

　　　나 머　　용　위　옌 뱌오 다

그럼, 말로 표현하세요.

王: 语言也不怎么好。

Wáng : Yǔ yán yě bù zěn me hǎo.

　　　위　옌 예 뿌　전 머 하오

말도 그닥잖아요.

李: 表达不了感情。

Lǐ : Biǎo dá bù liǎo gǎn qíng.

　　　뱌오 다 뿌랴오간　칭

감정을 표현할 수 없다.

王: 表达也不生动。

Wáng : Biǎo dá yě bù shēng dòng.

　　　뱌오 다예 뿌　성　뚱

표현도 생동하지 않아요.

하강하다/떨어지다

下降

xià jiàng
쌰 쨩

예문

1. 气温下降了。
   Qì wēn xià jiàng le.
   치 원 쌰 쨩 러
   기온이 떨어지다.

2. 飞机下降了。
   Fēi jī xià jiàng le.
   페이지쌰 쨩 러
   비행기가 하강하다.

3. 血压下降了。
   Xuè yā xià jiàng le.
   쒜 야 쌰 쨩 러
   혈압이 내려갔다.

4. 体温有时上升，有时下降。
   Tǐ wēn yǒu shí shàng shēng, yǒu shí xià jiàng.
   티 원 요우스 쌍 성 요우스 쌰 쨩
   체온이 때론 올라가고 때론 내려온다.

5. 下降趋势。
   Xià jiàng qū shì.
   쌰 쨩 취 쓰
   떨어지는 추세이다.

王丽: 今天天气怎么样呢?
Wánglì : Jīn tiān tiān qì zěn me yàng ne?
　　　진 텐 텐 치 전 머 양 너
　　　오늘 날씨가 어떠한지?

金哲: 气温上升了。
Jīnzhé : Qì wēn shàng shēng le.
　　　치 원 쌍 　성 러
　　　기온이 좀 올라갔다.

王丽: 没有下降吗?
Wánglì : Méi yǒu xià jiàng ma?
　　　메이요우쌰 쨩 마
　　　내려가지 않았나?

金哲: 没有，不过。不热吗?
Jīnzhé : Méi yǒu, Bú ré. Bú rè ma?
　　　메이 여우 뿌 러 부러 마
　　　아니. 내려가지 않았다. 더운 것 같지 않는가?

王丽: 不热。
Wánglì : Bú rè.
　　　부 러
　　　더운 것 같지 않아.

金哲: 我也这么认为。
Jīnzhé : Wǒ yě zhè me rèn wéi.
　　　워 예 저 머 런 웨이
　　　나도 그렇게 생각해.

~하고 있는 중이다/~하고 있다

~着。

zhe
저

예문

1. 正在看着书。

Zhèng zài kàn shū.
정 짜이칸 수
책을 보고 있어.

2. 正在写作业呢!

Zhèng zài xiě zuò yè ne!
정 짜이 시에 쭈어 예 너
숙제를 하고 있는 중이다!

3. 吃着饭呢。

Chī zhe fàn ne.
츠 저 판안 너
밥을 먹고 있다.

4. 你等着吧。

Nǐ děng zhe ba.
니 덩 저 바
기다려라.

5. 你还活着呢?

Nǐ hái huó zhe ne?
니 하이 훠 저 너
너 아직도 살아 있구나?

王丽: 金哲，你干什么？
Wánglì : Jīn zhé, nǐ gàn shén me?
　　　진 저 니 깐 선 머
　　　김철, 너 뭐하니?

金哲: 我看书呢。
Jīnzhé : Wǒ kàn shū ne.
　　　위 칸 수 너
　　　난 책을 보고 있다.

王丽: 作业做完了吗?
Wánglì : Zuò yè zuò wǎn le ma?
　　　쥐 에 쥐 완 러 마
　　　숙제를 다 했니?

金哲: 还没有。
Jīnzhé : Hái méi yǒu.
　　　하이메이요우
　　　아직 안했다.

王丽: 别看书，快写作业吧。
Wánglì : Bié kàn shū, kuài xiě zuò yè ba.
　　　베 칸 수 콰이 세 쥐 예 바
　　　책 보지 말고 빨리 숙제하거라.

金哲: 好。马上写。
Jīnzhé : Hǎo, mǎ shàng xiě.
　　　하오 마 상 세
　　　그러지. 곧 숙제하겠다.

하기만 하면 곧 ~

一 ~ 就 ~。

yī ~ jiù ~
이 찌우

예문

1. 他一学就会。
Tā yì xué jiù huì.
타 이 쉐 찌우 후이
그는 배우기만하면 곧 할 수 있다.

2. 他一笑，我就乐了。
Tā yí xiào, wǒ jiù lè le.
타 이 샤오 워 찌우러러
그녀가 웃기만하면 저의 기분이 곧 좋아진다.

3. 一喝就醉。
Yì hē jiù zuì.
이 허 찌우 쭈이
마시기만하면 곧 취한다.

4. 一说就成。
Yì shuō jiù chéng.
이 쉬 찌우 청
말하기만하면 곧 된다.

5. 他一教就会，就是不干。
Tā yì jiāo jiù huì, jiù shì bú gàn.
타 이 쟈오찌우후이찌우쓰부 깐
가르치기만하면 곧 알지만 절대로 안한다.

王丽: 你怎么不如她呢?
Wánglì : Nǐ zěn me bù rú tā na?
니 전 머 뿌 루 타 너
넌 왜 그녀보다 못하니?

金哲: 我怎么不如她呢?
Jīnzhé : Wǒ zěn me bù rú tā ne?
워 전 머 뿌 루 타 너
내가 왜 그녀보다 못하단 말인가?

王丽: 她一教就会。
Wánglì : Tā yì jiāo jiù huì.
타 이 쟈오 찌우 후이
그녀는 가르치기만하면 인츰 안다.

金哲: 我也是一学就会呀!
Jīnzhé : Wǒ yě shì yì xué jiù huì ya!
워 예 쓰 이 쉐 찌우 후이야
나 역시 배우기만하면 곧 안다.

王丽: 话是那样说。
Wánglì : Huà shì nà yàng shuō.
후아 쓰 나 양 수어
말은 그렇다.

金哲: 真的。我一学就会。
Jīnzhé : Zhēn de, wǒ yì xué jiù huì.
전 더 워 이 쉐찌우후이
정말이다. 배우기만하면 곧 안다.

하루에 몇 시간 배웁니까?

一天学几个小时?

yì tiān xué jǐ ge xiǎo shí
이 텐 쉐 지 거 샤오 스

예문

1. 一天工作几个小时?
   Yì tiān gōng zuò jǐ ge xiǎo shí?
   이 텐 궁 쭤 지 거 샤오 스
   하루에 몇 시간 일을 합니까?

2. 这是一天的工作计划。
   Zhè shì yì tiān de gōng zuò jì huà.
   저 쓰 이 텐 더 궁 쭤 찌 화
   이것은 하루의 사업 계획이다.

3. 有一天他来了。
   Yǒu yì tiān tā lái le.
   요우 이 텐 타 라이 러
   어느 날 그는 왔다.

4. 你整天干什么?
   Nǐ zhěng tiān gàn shén me?
   니 정 텐 깐 선 머
   넌 하루 종일 무엇을 하느냐?

5. 一天到晚。
   Yì tiān dào wǎn.
   이 텐 따오 완
   아침부터 밤까지(하루 종일)

王丽: 你一天到晚干什么了?
Wánglì : Nǐ yì tiān dào wǎn gàn shén me le?
니 이 텐 따오 완 깐 선 머 러
넌 하루 종일 무엇 했느냐?

金哲: 干活了。
Jīnzhé : Gàn huó le.
깐 훠 러
아침부터 저녁까지 일을 했다.

王丽: 她也一天劳动了吗?
Wánglì : Tā yě yì tiān láo dòng le ma?
타 예 이 텐 라오 뚱 러 마
그녀도 하루 종일 일(노동)을 했는가?

金哲: 她一整天都没来。
Jīnzhé : Tā yì zhěng tiān dōu méi lái.
타 이 정 텐 떠우 메이 요우 라이
그녀는 온종일 오지 않았다.

王丽: 哪天我们一块儿休息好吗?
Wánglì : Nǎ tiān wǒ men yí kuàir xiū xi hǎo ma?
나 텐 워 먼 이 콸 시우 시 하오 마
어느 날 우리 함께 쉬는 것이 어떠하니?

金哲: 好啊!
Jīnzhé : Hǎo a!
하오 아
좋아!

> ~ 하면서(한편으로) ~하다
>
> 一边 ~ 一边 ~。
>
> yì biān ~ yì biān ~
> 이 벤 이 벤

예문

1. 一边吃饭，一边看电视。

Yì biān chī fàn, yì biān kàn diàn shì.
이 벤 츠프안이벤 칸 뗀 쓰
밥을 먹으면서 TV를 본다.

2. 他一边走，一边唱歌。

Tā yì biān zǒu, yì biān chàng gē.
타 이 벤 조우이 벤 창 거
그는 걸어가면서 노래를 부른다.

3. 他一边看书，一边听音乐。

Tā yì biān kàn shū, yì biān tīng yīn yuè.
타이 벤 칸 수 이 벤 팅 인 웨
그는 한편으로는 책을 보면서 한편으로는 음악을 듣고 있다.

4. 她一边笑，一边用手捂嘴。

Tā yì biān xiào, yì biān yòng shǒu wǔ zuǐ.
타 이 벤 쌰오 이 벤 융 소우 우주이
그녀는 웃으면서 손으로 입을 가리고 있다.

5. 她一边流泪，一边挥手。

Tā yì biān liú lèi, yì biān huī shǒu.
타 이 벤 리우레이이 벤 후이 소우
그녀는 눈물을 흘리면서 손을 흔든다.

李: 一边看书，一边听音乐能学好吗?
Lǐ : Yì biān kàn shū, yì biān tīng yīn yuè néng xué hǎo ma?
이 볜 칸 수 이 볜 팅 인 웨 넝 쉐 하오 마
책을 보면서 음악을 들으면 공부를 잘 할 수 있니?

张: 这是习惯。
Zhāng : Zhè shì xí guàn.
쩌 쓰 시 꽌
이것은 습관이다.

李: 习惯也可以改嘛。
Lǐ : Xí guàn yě kě yǐ gǎi ma.
시 꽌 예 커 이 가이 마
습관 역시 고칠 수 있잖아.

张: 改不了啊!
Zhāng : Gǎi bu liǎo a!
가이 부 랴오 아
못 고치겠다!

李: 那上课也那样吗?
Lǐ : Nà shàng kè yě nà yàng ma?
나 쌍 커 예 나 양 마
그럼 수업시간도 그렇게 하나?

张: 那不敢。
Zhāng : Nà bù gǎn.
나 뿌 간
그건 감히 그럴 수 없지.

~하지 말아라

別

bié

베

1. 別去了。
   Bié qù le.
   베 취 러
   가지 말아라.

2. 別看了。
   Bié kàn le.
   베 칸 러
   보지 말아라.

3. 你別老是那样。
   Nǐ bié lǎo shì nà yàng.
   니 베 라오 쓰 나 양
   너, 늘 그렇게 하지 말아라.

4. 別听他的话。
   Bié tīng tā de huà.
   베 팅 타 더 화
   그의 말을 듣지 말아라.

5. 你別改了。
   Nǐ bié gǎi le.
   니 베 가이 러
   너 고치지 말아라.

王丽: 你上哪儿去?
Wánglì : Nǐ shàng nǎr qù?
　　　　니 쌍 날 취
　　　　너 어디가니?

金哲: 我上街。
Jīnzhé : Wǒ shàng jiē.
　　　　위 쌍 제
　　　　쇼핑하러 간다. (거리에 간다)

王丽: 别去了。
Wánglì : Bié qù le.
　　　　베 취 러
　　　　가지 말아라.

金哲: 怎么 了?
Jīnzhé : Zěn me le?
　　　　전 머 러
　　　　왜?

王丽: 改天一起去。
Wánglì : Gǎi tiān yī qǐ qù.
　　　　까이티앤이치취
　　　　늘 가지 말아.

金哲: 好，听你的。
Jīnzhé : Hǎo, tīng nǐ de.
　　　　하오 팅 니 더
　　　　좋아. 너의 말 듣지.

~ 하지 않으면 안된다

非 ~ 不 ~。

fēi ~ bù ~
페이 뿌

예문

1. 非要去不可。
Fēi yào qù bù kě.
페이야오취 뿌 커
무슨 일이 있어도 가지 않으면 안된다.

2. 非说几句不可。
Fēi shuō jǐ jù bù kě.
페이 쉬 지 쮜 뿌 커
몇 마디 말을 하지 않으면 안된다.

3. 非要这个不可。
Fēi yào zhè ge bù kě.
훼이야오 저 꺼 뿌 커
이것이 아니면 안된다.

4. 非要学不可。
Fēi yào xué bù kě.
페이야오 쉐 뿌 커
무슨 일이 있어도 배우지 않으면 안된다.

5. 她非要这种化妆品不可。
Tā fēi yào zhè zhǒng huà zhuāng pǐn bù kě.
타 페이야오쩌 종 화 장 핀 뿌커
그녀는 이 화장품을 하고야 말겠다고 고집한다.

王丽： 金哲，不要去嘛。
Wánglì : Jīn zhé bú yào qù ma.
　　　진 저　부야오취마
　　　진저, 가지 말아라.

金哲： 我非要去不可。
Jīnzhé : Wǒ fēi yào qù bù kě.
　　　워페이야오취 뿌 커
　　　난 무슨 일이 있어도 가고야 말겠다.

王丽： 那学习怎么办?
Wánglì : Nà xué xí zěn me bàn?
　　　나 쉐 시 전 머 빤
　　　그럼 학습은 어떻게 하지?

金哲： 有你怕什么?
Jīnzhé : Yǒu nǐ pà shén me?
　　　요우니파 선 머
　　　너가 있는데 걱정이 무엇이냐?

王丽： 自己学。
Wánglì : Zì jǐ xué.
　　　쯔지쉐
　　　공부는 자기껄로 해야지.

金哲： 好吧。
Jīnzhé : Hǎo ba.
　　　하오 빠
　　　그렇다.

~ 한다면/~ 이라면

~ 的话,
de huà
더 화

예문

1. 学汉语的话, 怎么办?
Xué Hàn yǔ de huà, zěn me bàn?
쉐 한 위 더 화 전 머 빤
중국어를 배운다면 어떻게 할 것이냐?

2. 要是你的话, 能干吗?
Yào shì nǐ de huà, néng gàn ma?
야오 쓰 니 더 화 넝 깐 마
만일 당신이라면 하겠습니까?

3. 如果你有事的话, 就不用来了。
Rú guǒ nǐ yǒu shì de huà, jiù bú yòng lái le.
루 궈 니 요우 쓰 더 화 찌우 부 융 라이 러
만일 일이 있다면 올 필요가 없다.

4. 现在下班的话, 你要干什么?
Xiàn zài xià bān de huà, nǐ yào gàn shén me?
쎈 짜이 쌰 반 더 화 니야오 깐 선 머
지금 퇴근한다면 무엇을 하겠는가?

5. 要是你不说的话, 差点儿忘了。
Yào shì nǐ bù shuō de huà, chà diǎnr wàng le.
야오 쓰 니 뿌 쉬 더 화 차 델 왕 러
만일 당신이 말하지 않았더라면 깜빡 잊을뻔 했다.

王: 你上哪儿去?
Wáng : Nǐ shàng nǎr qù?
　　　니 쌍 날 취
　　너 어딜가?

金: 我去办公室。
Jīn : Wǒ qù bàn gōng shì.
　　　워 취 빤 궁 쓰
　　사무실에 간다.

王: 见到老师的话，就说我去不了了。
Wáng : Jiàn dào lǎo shī de huà, jiù shuō wǒ qù bù liǎo le.
　　　쩬 따오라오스더 화 찌우 쉬 워 취 뿌랴오러
　　선생님을 만난다면 내가 못간다고 전해줘.

金: 知道了，我会 告诉他的。
Jīn : Zhī dào le, wǒ huì gào sù tā de.
　　　즈 따오러 워후이까오쑤타더
　　알았어, 말해 줄게요.

王: 谢谢!
Wáng : Xiè xie!
　　　쎄 세
　　고마워!

金: 不用谢。
Jīn : Bú yòng xiè.
　　　부 융 쎄
　　고마울 게 없어.

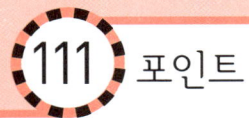

할 수 있다
能干
néng gàn
넝 깐

예문

1. 这件事我能干得了。
   Zhè jiàn shì wǒ néng gàn de liǎo.
   쩌 쩬 쓰 워 넝 깐 더 랴오
   이 일은 내가 할 수 있다.

2. 他能来吗?
   Tā néng lái ma?
   타 넝 라이 마
   그가 올 것 같으냐?

3. 这个会能参加吗?
   Zhè ge huì néng cān jiā ma?
   쩌 거후이 넝 찬 쟈 마
   이 회의에 참가해도 될까요?

4. 他最能干。
   Tā zuì néng gàn.
   타 쭈이 넝 깐
   그가 가장 잘한다.

5. 你能不能快点儿?
   Nǐ néng bu néng kuài diǎnr?
   니 넝 부 넝 콰이 델
   좀 빨리 할 수 없겠니?

王丽 : 她能来吗?
Wánglì : Tā néng lái ma?
타 넝 라이마
그녀가 올 것 같으냐?

金哲 : 能来。
Jīnzhé : Néng lái.
넝 라이
올 것이다.

王丽 : 她能干得了这种活吗?
Wánglì : Tā néng gàn de liǎo zhè zhǒng huó ma?
타 넝 깐 더랴오 쩌 중 훠 마
그녀가 이런 일을 할 수 있겠니?

金哲 : 她最能干这种活。
Jīnzhé : Tā zuì néng gàn zhè zhǒng huó.
타 쭈이 넝 깐 쩌 중 훠
이런 일은 그녀가 가장 잘한다.

王丽 : 你能不能让她快点儿来?
Wánglì : Nǐ néng bu néng ràng tā kuài diǎnr lái?
니 넝 부 넝 랑 타콰이 델 라이
그녀를 좀 빨리 오라고 할 수 없겠니?

金哲 : 怎么不行呢?
Jīnzhé : Zěn me bù xíng ne?
전 머 뿌 싱 너
왜 안되겠니.

> ~ 할 수가 없다/~ 해서는 안된다
> # 不能 ~。
> bù néng
> 뿌 넝

예문

1. 不能学。
Bù néng xué.
뿌 넝 쉐
배워서는 안된다.

2. 不能干。
Bù néng gàn.
뿌 넝 깐
해서는 안된다. (할 수 없다)

3. 不能超速。
Bù néng chāo sù.
뿌 넝 차오 쑤
과속하면 안된다.

4. 不能吃肉。
Bù néng chī ròu.
뿌 넝 츠로우
고기를 먹어서는 안된다.

5. 不能休息。
Bù néng xiū xi.
뿌 넝 시우 시
쉬어서는 안된다.

王丽: 你能不能学?
Wánglì : Nǐ néng bu néng xué?
　　　　니 넝 부 넝 쉐
　　　　능히 배울 수 있니?

金哲: 能学。
Jīnzhé : Néng xué.
　　　　넝 쉐
　　　　배울 수 있다.

王丽: 法语学不学?
Wánglì : Fǎ yǔ xué bu xué?
　　　　프아위쉐 부 쉐
　　　　프랑스어를 배우겠니?

金哲: 不能学。
Jīnzhé : Bù néng xué.
　　　　뿌 넝 쉐
　　　　배울 수가 없다.

王丽: 德语呢?
Wánglì : Dé yǔ ne?
　　　　더 위 너
　　　　독일어는?

金哲: 那更学不了。
Jīnzhé : Nà gèng xué bù liǎo.
　　　　나 껑 쉐 뿌랴오
　　　　그것은 더구나 배울 수 없다.

113 포인트

~ 할 수 있으면 ~ 하다

能 ~ 就 ~。

néng ~ jiù ~
넝　찌우

예문

1. 能干就干。

Néng gàn jiù gàn.
넝　깐 찌우 깐

할 수 있으면 하라.

2. 能学就学。

Néng xué jiù xué.
넝　쉐 찌우 쉐

배울 수 있으면 배우라.

3. 能吃就吃。

Néng chī jiù chī.
넝　츠 찌우 츠

먹을 수 있으면 먹어라.

4. 能走就快点儿走。

Néng zǒu jiù kuài diǎnr zǒu.
넝　조우 찌우 콰이 뎰 조우

갈 수 있으면 좀 빨리 가자.

5. 能睡就睡吧。

Néng shuì jiù shuì ba.
넝　쑤이 찌우 쑤이 바

잘 수 있으면 자거라.

李: 你能学就学吧。

Lǐ : Nǐ néng xué jiù xué ba.

니 넝 쒜 찌우쒜바

배울 수 있으면 배우거라.

张: 怕学不明白。

Zhāng : Pà xué bù míng bai.

파 쒜 뿌 밍 바이

배워낼 수 없을까봐 걱정돼.

李: 学习也要勇气。

Lǐ : Xué xí yě yào yǒng qì.

쒜 시 예야오 융 치

학습도 용기가 있어야해.

张: 那是。

Zhāng : Nà shì.

나 쓰

그건 그래요.

李: 要学快点儿学。

Lǐ : Yào xué kuài diǎnr xué.

야오 쒜 콰이 델 쒜

배우려면 좀 빨리 배워야해.

张: 好。我会的。

Zhāng : Hǎo, wǒ hui de.

하오 위훼이더

그래. 빨리 배우겠다.

함께 가자

一起走吧。

yì qǐ zǒu ba
이 치 조우 바

예문

1. 我们一起跑。
   Wǒ men yì qǐ pǎo.
   워 먼 이치 파오
   우리 함께 뛰자.

2. 我们一起上学吧。
   Wǒ men yì qǐ shàng xué ba.
   워 먼 이치 쌍 쉐 바
   우리 함께 학교에 가자.

3. 我们一起写作业吧。
   Wǒ men shì yì qǐ xiě zuò yè ba.
   워 먼 스 이치쉐 쭤 예바
   우리 함께 숙제를 하자.

4. 我们都是一起来的。
   Wǒ men dōu shì yì qǐ lái de.
   워 먼 도우스이 치라이더
   우리 다 함께 왔다.

5. 我们一块儿吃吧。
   Wǒ men yí kuàir chī ba.
   워 먼 이 콸 츠바
   우리 다 함께 먹자.

小李: 小金，想一起走吗?
XoiǎoLǐ : Xiǎo jīn, xiǎng yì qǐ zǒu ma?
　　　　샤오 진　샹 이 치조우 마
　　　　샤오진, 함께 가고 싶으냐?

小金: 不想一起走。
Xiǎojīn : Bù xiǎng yì qǐ zǒu.
　　　　뿌　샹 이 치조우
　　　　함께 가고 싶지 않다.

小李: 作业也不想一起做了?
Xoiǎolǐ Zuò yè yě bù xiǎng yì qǐ zuò le?
　　　　쮀 예 예 뿌　샹 이 치 쮀 러
　　　　숙제도 함께 하고 싶지 않니?

小金: 我有点儿累了。
Xiǎojīn : Wǒ yǒu diǎnr lèi le.
　　　　워 요우 델 레이 러
　　　　나 좀 피곤해.

小李: 你生气了吧?
XiǎoLǐ :　Nǐ shēng qì le ba?
　　　　니　성 치 러 바
　　　　너 화났지?

小金: 没有。一点儿也没有生气。
XiǎoJīn : Méi yǒu, yì diǎnr yě méi yǒu shēng qì.
　　　　메이 요우이 델 예메이요우 성　치
　　　　아니다. 조금도 성내지 않았다.

함부로 이래라 저래라 한다

指手划脚

zhǐ shǒu huà jiǎo
즈 소우 화 쟈오

예문

1. **不要指手划脚地说。**
   Bú yào zhǐ shǒu huà jiǎo de shuō.
   부 야오 즈 소우 화 쟈오 더 쉬
   함부로 이래라 저래라 말하지 말아라.

2. **你说话时怎么爱那么指手划脚呢?**
   Nǐ shuō huà shí zěn me nà me ài zhǐ shǒu huà jiǎo ne?
   니 쉬 화 스 젼 머 나 머 아이즈소우 화 쟈오너
   너는 늘 그렇게 손짓 몸짓을 하면서 말하니?

3. **指手划脚是没有教养的表现。**
   Zhǐ shǒu huà jiǎo shì méi yǒu jiào yǎng de biǎo xiàn.
   즈 소우 화 쟈오쓰 메이 요우 쨔오 양 더 뱌오 쎈
   함부로 이래라 저래라 함은 교양이 없는 표현이다.

4. **指手划脚是坏习惯。**
   Zhǐ shǒu huà jiǎo shì huài xí guàn.
   즈 소우 화 쟈오 쓰 화이 시 꽌
   함부로 이래라 저래라 하는 것은 나쁜 버릇이다.

5. **指手划脚地干什么?**
   Zhǐ shǒu huà jiǎo de gàn shén me?
   즈 소우 화 쟈오더 깐 션 머
   손짓 몸짓을 하면서 무슨 짓이냐?

李: 你好好说不行吗?
Lǐ : Nǐ hǎo hǎo shuō bù xíng ma?
니하오하오쉬 뿌싱마
조용히 말하면 안되니?

王: 我怎么了?
Wáng : Wǒ zěn me le?
워전머러
내가 어째서?

李: 不要指手划脚地说嘛。
Lǐ : Bú yào zhǐ shǒu huà jiǎo de shuō ma.
부야오즈소우화쟈오더쉬마
손짓 몸짓하면서 말하지 말라.

王: 这是我的个性。
Wáng : Zhè shì wǒ de gè xìng.
쩌쓰워더꺼싱
이건 나의 개성이다.

李: 不是个性，是没有教养的表现。
Lǐ : Bú shì gè xìng, shì méi yǒu jiào yǎng de biǎo xiàn.
부쓰꺼싱 쓰메이요우쨔오양더뱌오쎈
개성이 아니라 교양이 없는 표현이다.

王: 好。我马上改。
Wáng : Hǎo, wǒ mǎ shàng gǎi.
하오워마상가이
좋다. 곧 고치마.

> ~ 해 주세요/~ 합시다
> # 请
> qǐng
> 칭

예문

1. 请问。
Qǐng wèn.
칭 원
말씀 좀 물어봅시다.

2. 请讲。
Qǐng jiǎng.
칭 지앙
말씀하세요.

3. 请坐。
Qǐng zuò.
칭 쭤
앉으세요.

4. 请进。
Qǐng jìn.
칭 찐
들어오세요.

5. 请勿吸烟!
Qǐng wù xī yān!
칭 우 시 옌
담배를 피우지 마세요! (금연)

李: 请进。
Lǐ : Qǐng jìn.
　　칭 찐
　　들어오세요.

金: 请问，有面包吗?
Jīn : Qǐng wèn, yǒu miàn bāo ma?
　　칭　원　요우 몐 바오 마
　　죄송합니다, 빵이 있습니까?

李: 对不起，没有。
Lǐ : Duì bu qǐ, méi yǒu.
　　뚜이부 치메이요우
　　미안합니다, 없습니다.

金: 没关系。
Jīn : Méi guān xi.
　　메이 관 시
　　괜찮습니다.

李: 到那家店去可以买到。
Lǐ : Dào nà jiā diàn qù kě yǐ mǎi dào.
　　따오나지아뗸 취 커 이마이 따오
　　저 점포에 가면 살 수 있습니다.

金: 谢谢!
Jīn : Xiè xie!
　　쎄 세
　　감사합니다!

향기롭다/인기가 좋다

香

xiāng
샹

1. 这花儿真香。
Zhè huār zhēn xiāng.
쩌 휠 전 샹
이 꽃은 정말 향기롭다.

2. 吃得真香。
Chī de zhēn xiāng.
츠 더 전 샹
참 맛있게 먹었다.

3. 做什么菜呢, 好香!
Zuò shén me cài ne hǎo xiāng!
쭤 선 머 차이너 하오 샹
무슨 요리를 만들기에 이렇게 향기로울까!

4. 睡得很香。
Shuì de hěn xiāng.
쑤이 더 헌 샹
달콤하게 자다.

5. 最吃香的职业。
Zuì chī xiāng de zhí yè.
쭈이츠 샹 더 즈 예
가장 인기있는 직업이다.

小王: 菜香不香?
XiǎnWáng : Cài xiāng bu xiāng?
　　　　　차이 샹 부 샹
　　　　요리가 맛있니?

小金: 真香。
Xiǎojīn : Zhēn xiāng.
　　　　전　샹
　　　　참 맛있다.

小王: 你能不能做?
XiǎnWáng : Nǐ néng bu néng zuò?
　　　　　니 넝 부 넝 쭤
　　　　너 만들 수 있니?

小金: 比你做得更香。
XiǎoJīn : Bǐ nǐ zuò de gèng xiāng.
　　　　비니 쭤 더 껑 샹
　　　　너가 만든 것보다 더 맛있어.

小王: 不要吹好不好?
XiǎnWáng : Bú yào chuī hǎo bu hǎo?
　　　　　부야오추이하오부하오
　　　　허풍치지 말아요.

小金: 做菜是我的职业。
Xiǎojīn : Zuò cài shì wǒ de zhí yè.
　　　　쭤 차이 쓰 워 더 즈 예
　　　　요리 만드는 것은 나의 직업이다.

확실히 그렇다
确实是那样
què shí shi nà yàng
춰 스 스 나 양

예문

1. 确实是那样吗?
Què shí shi nà yàng ma?
춰 스 스 나 양 마
확실히 그렇습니까?

2. 这件事确实是他做的。
Zhè jiàn shì què shí shi tā zuò de.
쩌 쩬 쓰 춰 스 스 타 쮜 더
이 일은 확실히(정말로) 그가 했습니다.

3. 的确这样说的。
Dí què zhè yàng shuō de.
디 춰 쩌 양 쉬 더
확실히(분명히) 이렇게 말했습니다.

4. 他确实是好人。
Tā què shí shi hǎo rén.
타 춰 스 스하오 런
그는 정말로 좋은 사람입니다.

5. 实在不容易。
Shí zài bù róng yì.
스 짜이 뿌 룽 이
실로(확실히) 쉽지 않다.

회화

老李: 这件事确实是他做的吗?
LǎoLǐ : Zhè jiàn shì què shí shi tā zuò de ma?
　　　　쩌 쩬 쓰 췌 스 스 타 쭤 더 마
　　　　이 일은 확실히(정말) 그가 했습니까?

老王: 的确。
LǎoWáng : Dí què.
　　　　더 췌
　　　　확실합니다.

老李: 确实很难。
LǎoLǐ : Què shí hěn nán.
　　　　췌 스 헌 난
　　　　확실히 어렵습니다.

老王: 实在不容易啊!
LǎoWáng : Shí zài bù róng yì a!
　　　　스 짜이뿌 룽 이 아
　　　　정말(실로, 참으로) 쉽지 않다.

老李: 他确实是好学生。
LǎoLǐ : Tā què shí shi hǎo xué sheng.
　　　　타 췌 스 스하오 쉐 성
　　　　그는 확실히 훌륭한 학생이다.

老王: 的确没错。
LǎoWáng : Dí què méi cuò.
　　　　더 췌 메이 춰
　　　　확실히 그렇다.

환상하다

幻想

huàn xiǎng
환 샹

1. 幻想与现实。
Huàn xiǎng yǔ xiàn shí.
환 샹 위 쎈 스
환상과 현실.

2. 幻想不是现实。
Huàn xiǎng bú shì xiàn shí.
환 샹 부 쓰 쎈 스
환상은 현실이 아니다.

3. 沉湎于幻想。
Chén miǎn yú huàn xiǎng.
천 멘 위 환 샹
환상에 빠지다.

4. 幻想变成现实。
Huàn xiǎng biàn chéng xiàn shí.
환 샹 뻰 청 쎈 스
환상을 현실로 되게 하다.

5. 幻想曲。
Huàn xiǎng qǔ.
환 샹 취
환상곡.

A: 我喜欢幻想。
Wǒ xǐ huan huàn xiǎng.
워 시 환 쮀 환 샹
난 환상하기를 좋아한다.

B: 但是，不要沉湎于幻想。
Dàn shì bú yào chén miǎn yú huàn xiǎng.
딴 쓰 부야오 천 멘 위 환 샹
그러나 환상에 빠지지 말아.

A: 那是。
Nà shì.
나 쓰
그건 그렇다.

B: 幻想不是现实。
Huàn xiǎng bú shì xiàn shí.
환 샹 부쓰쎈 스
환상은 현실이 아니다.

A: 我一定把幻想变成现实。
Wǒ yí dìng bǎ huàn xiǎng biàn chéng xiàn shí.
워 이 띵 바 환 샹 뺀 청 쎈 스
나는 꼭 환상을 현실로 되게 하련다.

B: 我相信你。
Wǒ xiāng xìn nǐ.
워 샹 씬 니
난 너를 믿는다.

> **휘황찬란하다**
> # 辉煌灿烂
> huī huáng càn làn
> 후이 황 찬 란

예문

1. 辉煌灿烂的文化。
   Huī huáng càn làn de wén huà.
   후이 황 찬 란 더 원 화
   휘황찬란한 문화.

2. 辉煌灿烂的未来。
   Huī huáng càn làn de wèi lái.
   후이 황 찬 란 더 웨이 라이
   휘황찬란한 미래.

3. 辉煌灿烂的前程。
   Huī huáng càn làn de qián chéng.
   후이 황 찬 란 더 첸 청
   휘황찬란한 앞길.

4. 祖国的未来是辉煌灿烂的。
   Zǔ guó de wèi lái shì huī huáng càn làn de.
   주 궈 더 웨이 라이 쓰 후이 황 찬 란 더
   조국의 미래는 휘황찬란하다.

5. 辉煌灿烂的成果。
   Huī huáng càn làn de chéng guǒ.
   후이 황 찬 란 더 청 궈
   휘황찬란한 성과.

A: 你去哪儿?
Nǐ qù nǎr?
니 취 날
어디 가니?

B: 我去博物馆。
Wǒ qù bó wù guǎn.
워 취 보 우 관
박물관에 간다.

A: 我也去，可以吗?
Wǒ yě qù, kě yǐ ma?
워 예 취 커 이 마
나도 가면 되겠니?

B: 好啊!
Hǎo a!
하오 아
그럼 더욱 좋다!

A: 祖国的文化真是辉煌灿烂哪!
Zǔ guó de wén huà zhēn shì huī huáng càn làn na!
주 궈 더 원 화 전 쓰 후이 황 찬 란 나
조국의 문화는 정말 휘황찬란하다!

B: 是。未来更加辉煌灿烂的!
Shì wèi lái gèng jiā huī huáng càn làn de!
쓰 웨이라이 껑 지아 후이 황 찬 란 더
그렇다. 미래는 더욱 휘황찬란할 것이다!

핵심구로 배우는
짜오짜오 속성 중국어 회화

초판 발행 ┃ 2013년 2월 25일
3판 인쇄 ┃ 2016년 2월 15일
3판 발행 ┃ 2016년 2월 25일

지은이 ┃ 사사연 어학연구소
대 표 ┃ 장삼기
펴낸이 ┃ 신지현
펴낸곳 ┃ 도서출판 사사연

등록번호 ┃ 제10 - 1912호
등록일 ┃ 2000년 2월 8일
주소 ┃ 서울시 강서구 강서로 29길 55, 301(화곡동)
전화 ┃ 02-393-2510, 010-4413-0870
팩스 ┃ 02-393-2511

인쇄 ┃ 성실인쇄
제본 ┃ 동심제책사
홈페이지 ┃ www.ssyeun.co.kr
이메일 ┃ ssyeun@naver.com

임시특가 10,000원
ISBN 978-85-85153-08-9